Collection dirigé



# Les Fausses Confidences

## Marivaux

- des repères pour situer l'auteur, ses écrits, l'œuvre étudiée
- une analyse de l'œuvre sous forme de résumés et de commentaires
- une synthèse littéraire thématique
- des jugements critiques, des sujets de travaux, une bibliographie

Jeanne et Michel Charpentier

# Sommaire

## REPÈRES



 ISBN 2-09-180810-5

# La vie de Marivaux

## UNE VOCATION LITTÉRAIRE PRÉCOCE

Pierre Carlet de Chamblain de Marivaux est resté très discret sur sa propre vie. Ses romans de jeunesse se déroulent dans un cadre rustique situé en Auvergne, dans cette province où Marivaux, né à Paris en 1688, suit à onze ans son père devenu directeur de l'Hôtel des monnaies de Riom. Il acquiert une solide formation de latiniste chez les oratoriens de la ville, s'adonne à de vastes lectures romanesques et écrit à vingt ans sa première comédie, *Le Père prudent et équitable.*

Revenu en 1710 à Paris pour s'inscrire à l'École de droit, Marivaux est l'hôte de son oncle, Pierre Bullet, architecte du roi, qui l'introduit dans le monde artistique et intellectuel. À l'étude du droit il préfère la fréquentation des salons où il rencontre les beaux esprits. Marivaux se consacre désormais à la littérature et affirme rapidement sa vocation avec trois romans parodiques, *Pharsamon ou les Folies romanesques*, où il fait le procès des récits extravagants qui ont tourné la tête du héros ; *Les Aventures de *** ou les Effets surprenants de la sympathie* (1713-1714), roman romanesque qui dénonce l'invraisemblance des intrigues à la mode ; *La Voiture embourbée* (1713-1714), récit de voyage incluant un « roman improvisé » raconté à tour de rôle, au fil d'une conversation pleine de naturel, par les cinq voyageurs d'une diligence accidentée un soir près d'un village.

## LA RUPTURE AVEC LE CLASSICISME

Marivaux participe désormais à l'avant-garde littéraire du temps. Il prend parti pour la modernité dans la Querelle des Anciens et des Modernes, qui fait encore rage, entrant dans la bataille avec le *Télémaque travesti* qui offre une parodie burlesque et picaresque du *Télémaque* de Fénelon, puis avec *L'Homère travesti ou l'Iliade en vers burlesques* (1716-1717), charge très vive contre les Anciens. Marivaux veut être un homme de son époque et un écrivain original (« J'aime mieux être humblement assis dans la petite troupe des auteurs originaux, qu'orgueilleusement placé en première ligne dans le bétail des singes littéraires »).

À partir de 1717 Marivaux rédige, pour *Le Mercure de France*, journal mensuel, sous le titre de *Lettres sur les habitants de Paris*, une série d'essais sur les Parisiens, le peuple, les bourgeois, les gens du monde, les femmes, les beaux esprits, qui lui vaut le titre flatteur – contre lequel il proteste – de « Théophraste moderne ». Une autre série d'articles du *Mercure de France*, les *Lettres contenant une aventure*, inaugure le récit à la première personne, fait pour l'analyse psychologique, et présente une série de confidences entre deux femmes du monde, une tendre amoureuse et une coquette spirituelle, qui constitue une sorte de prélude à l'ensemble de l'œuvre théâtrale. Enfin, les *Pensées sur la clarté du discours* et les *Pensées sur le sublime* (1719) marquent une rupture définitive avec l'esthétique de Boileau.

## LA RÉUSSITE THÉÂTRALE

Marivaux avait épousé en 1717 « une personne aimable et vertueuse », Colombe Bologne. La jeune femme meurt en 1723, lui laissant une fille en bas âge, qui plus tard deviendra religieuse.

Ruiné en 1720 par la banqueroute de Law, Marivaux reprend ses études de droit et se fait recevoir avocat au Parlement de Paris, sans pour autant renoncer à la littérature. Après l'échec de sa tragédie *Annibal* (1719), il renonce au théâtre en vers et débute dans un genre qui sera le sien en donnant à la Comédie-Italienne sa première comédie, *Arlequin poli par l'amour* (1720), qui connaît un relatif succès. Mais il triomphe avec *La Surprise de l'amour* (1722) et fait désormais figure de maître dans un genre où durant vingt ans il équilibre l'ironie et la sensibilité, la passion romanesque pour la femme et l'absence complète d'illusions à son égard.

Au cours de la création de *La Surprise de l'amour*, Marivaux fait la connaissance de Silvia, qui devient son interprète fétiche et qui incarnera, pour le public parisien, l'idéal de la femme marivaudienne. La recherche par l'écrivain de la vérité psychologique et d'un langage traduisant la naissance de l'amour ainsi que les intermittences du cœur est jalonnée par une succession de comédies presque toutes destinées à la troupe des Comédiens-Italiens, dirigée par Luigi Riccoboni, dit Lélio, et concurrente de la troupe du Théâtre-Français : *La Double Inconstance* (1723), puis, l'année suivante, *Le Prince travesti* et *La Fausse Suivante*. Marivaux qui, depuis quelques années, vit de sa plume, publie en 1727 un nouveau journal, *L'Indigent philosophe*, tout en faisant alterner les comédies sentimentales et les comédies à sujet social (*L'Île des esclaves*, *L'Île de la raison* et *La Nouvelle Colonie*).

Le triomphe du *Jeu de l'amour et du hasard* (1730) marque le début d'une intense production littéraire : le nom de Marivaux ne quitte guère l'affiche et le public se presse pour voir aussi bien des reprises que des créations nouvelles, notamment *Le Triomphe de l'amour* (1732), *L'École des mères*, *L'Heureux stratagème*, *Le Legs*, *Les Fausses Confidences* (1737) et *L'Épreuve* (1740).

## LE RETOUR AU ROMAN

Journaliste réputé et auteur à succès, Marivaux demeure l'hôte assidu du salon littéraire de la marquise de Lambert chez qui il retrouve Fontenelle, Montesquieu, d'Argenson, le président Hénault et Adrienne Lecouvreur. Il surprend les habitués avec la parution, en 1731, de la première partie de *La Vie de Marianne*. Ce roman, où une dame du monde fait à l'une de ses amies le récit de sa vie extrêmement mouvementée, se prolonge jusqu'en 1741 par dix autres parties et demeure inachevé. L'apparent détachement de Marivaux envers son œuvre romanesque ne l'empêche pas de publier en 1734 et 1735 les cinq premières parties d'un autre roman inachevé, *Le Paysan parvenu*, où un personnage mûri raconte et interprète son ascension sociale.

À la mort de Madame de Lambert, il fréquente le salon de Madame de Tencin (où il retrouve Montesquieu et croise d'Alembert, le fils illégitime de la maîtresse de maison, l'abbé Prévost, Helvétius et des étrangers illustres comme Lord Bolinbroke et Tronchin), puis le salon de Madame du Deffand, qui allie la politesse mondaine à un esprit meurtrier et que fréquentent Fontenelle, Montesquieu, Voltaire, Madame du Châtelet et d'Alembert.

Élu en 1742 à l'Académie française de préférence à Voltaire, Marivaux aborde dans son *Discours de réception* des questions sur lesquelles s'interroge toujours notre époque : la place du français en Europe ou l'influence de la culture. Très assidu à l'Académie où il joue un rôle de premier plan dans la rédaction du *Dictionnaire*, Marivaux n'écrit plus guère que quelques comédies destinées à la Comédie-Française (*La Dispute*, *Le Préjugé vaincu*, qui porte un regard lucide sur le cloisonnement de la société, *Les Acteurs de bonne foi*) et des réflexions sur la littérature. Sa mort intervient en 1763.

| VIE ET ŒUVRE DE MARIVAUX | ÉVÉNEMENTS POLITIQUES, SOCIAUX ET CULTURELS |
|---|---|
| | **1673** Mort de Molière. |
| | **1687** Début de la Querelle des Anciens et des Modernes. |
| **1688** Naissance à Paris de Pierre Carlet. | **1688** La Bruyère, *Caractères*. |
| | **1694** Renvoi des Comédiens-Italiens par Louis XIV. |
| **1710** → **1713** Études de droit à Paris. | **1710** → **1733** Salon de Madame de Lambert. |
| **1712** *Les Aventures de *** ou les Effets surprenants de la sympathie*. | |
| | **1715** Mort de Louis XIV. La Régence. Lesage, *Gil Blas* (I-VI). |
| | **1716** Rappel des Comédiens-Italiens à Paris. |
| **1717** Débuts de journaliste au *Mercure de France*. | **1717** Watteau, *L'Embarquement pour Cythère*. |
| | **1719** Defoe, *Robinson Crusoé*. |
| **1720** *Annibal*, tragédie, à la Comédie-Française. *Arlequin poli par l'amour*, aux Italiens. | **1720** Banqueroute de Law. Ruine de Marivaux. Watteau, *L'Enseigne de Gersaint*. |
| **1721** Licencié en droit, puis avocat. | **1721** Montesquieu, *Lettres persanes*. Dubois premier ministre. |
| **1722** *La Surprise de l'amour*, aux Italiens. | |
| **1723** *La Double Inconstance*, aux Italiens. | **1723** Mort du Régent. Majorité de Louis XIV, qui régnera jusqu'en 1774. |
| **1724** *Le Prince travesti* et *La Fausse Suivante*, aux Italiens; *Le Dénouement imprévu*, à la Comédie-Française. | |
| **1725** *L'Île des esclaves* et *L'Héritier de village*, aux Italiens. | |
| | **1726** Fleury premier ministre. |

| VIE ET ŒUVRE DE MARIVAUX | ÉVÉNEMENTS POLITIQUES, SOCIAUX ET CULTURELS |
|---|---|
| **1727** *La Seconde Surprise de l'amour* et *L'Île de la raison* à la Comédie-Française. | **1727** Destouches, *Le Philosophe marié*. → **1749** Salon de Mme de Tencin. |
| **1728** *Le Triomphe de Plutus*, aux Italiens. | |
| **1730** *Le Jeu de l'amour et du hasard*, aux Italiens. | |
| **1731** *La Réunion des amours*, aux Italiens. → **1742** *La Vie de Marianne*. | **1731** Prévost, *Manon Lescaut*. |
| **1732** *Le Triomphe de l'amour* et *L'École des mères* aux Italiens. *Les Serments indiscrets*, à la Comédie-Française. | **1732** Voltaire, *Zaïre*. |
| **1733** *L'Heureux Stratagème*, aux Italiens. | **1733** Rameau, *Hippolyte et Aricie*. Pergolèse, *La Servante maîtresse*. |
| **1734** *Le Cabinet du philosophe*. *Le Petit-Maître corrigé* à la Comédie-Française. → **1735** *Le Paysan parvenu*. | **1734** Voltaire, *Lettres philosophiques*. |
| **1735** *La Mère confidente*, aux Italiens. | **1735** Rameau, *Les Indes galantes*. Lesage, *Gil Blas* (fin). La Chaussée, *Le Préjugé à la mode*. |
| **1736** *Le Legs*, à la Comédie-Française. | **1736** Crébillon, *Les Égarements du cœur et de l'esprit*. |
| **1737** *Les Fausses Confidences*, aux Italiens. | |
| **1739** *Les Sincères*, aux Italiens. | **1739** Chardin, *La Gouvernante*. |
| **1740** *L'Épreuve*, aux Italiens. | **1740** Boucher, *Le Triomphe de Vénus*. |
| | **1741** → **1748** Guerre de succession d'Autriche. |
| **1742** Élection à l'Académie française. | **1742** Prévost, traduction de *Paméla*, de Richardson. |
| **1744** *La Dispute*, à la Comédie-Française. | |

| VIE ET ŒUVRE DE MARIVAUX | ÉVÉNEMENTS POLITIQUES, SOCIAUX ET CULTURELS |
|---|---|
| | **1745** Gresset, *Le Méchant*. |
| **1746** *Le Préjugé vaincu*, à la Comédie-Française. | |
| | **1748** Voltaire, *Zadig*. |
| | **1749** → **1777** Salon de Mme Geoffrin. |
| **1750** *La Colonie*, représentation privée. | |
| **1753** *Portrait de Marivaux* par Van Loo. | |
| | **1754** Condillac, *Traité des sensations*. |
| **1755** *La Femme fidèle*. | **1755** Rousseau, *Discours sur l'origine de l'inégalité*. |
| **1757** *Les Acteurs de bonne foi*. | **1757** Diderot, *Le Fils naturel*. |
| **1758** Édition des *Œuvres de Théâtre de M. de Marivaux*. | |
| | **1759** Voltaire, *Candide*. |
| **1763** Mort de Marivaux. | |

# L'œuvre de Marivaux

Le succès immédiat de Marivaux dans le journalisme, le roman et la comédie montre que son œuvre est liée à un certain moment de la sensibilité française.

## MARIVAUX JOURNALISTE

### L'observation de la société

Dès 1717, Marivaux publie des articles dans *Le Mercure de France*, une « revue » hebdomadaire fondée en 1672 pour relater les nouvelles de la Cour ou présenter des articles de critique littéraire et des essais aux sujets variés. Il y donne une sorte de reportage où il observe déjà la société dans laquelle il vit, les *Lettres sur les habitants de Paris*. Marivaux s'y inscrit dans la lignée d'un moraliste comme La Bruyère, mais souligne la liberté et le naturel qui président à ses réflexions : « Cet ouvrage en un mot est la production d'un esprit libertin, qui ne se refuse rien de ce qui peut l'amuser chemin faisant. » Marivaux développe à cette occasion sa conception du sage : « Un bourgeois qui s'en tient à sa condition, qui en sait les bornes et l'étendue, qui sauve son caractère de la petitesse du peuple, qui s'abstient de tout amour de ressemblance avec l'homme de qualité, dont la conduite en un mot tient du juste milieu. »

### L'analyse introspective du cœur féminin

Une autre série d'articles du *Mercure*, les *Lettres contenant une aventure*, approfondit l'étude du caractère féminin en présentant la conversation – surprise secrètement – entre deux femmes du monde : l'une se désespère, conformément à l'éthique romanesque, de l'absence de son amant parti pour la guerre ; l'autre, pour la guérir de ses scrupules, lui raconte l'histoire de sa vie, se livrant à une analyse introspective d'une lucidité extraordinaire : « Je ne réfléchis jamais, avoue-t-elle, je badine et je sens : voilà tous mes talents ; c'est avec cela que je me suis toujours tirée d'affaire... J'agis par instinct, toujours à propos, et toujours me divertissant de tout, même de la violence que je me fais avec mes amants, pour ne point donner l'avantage à celui que j'aime sur celui que je n'aime pas. »

**Un partisan des Modernes**

Sa pensée en mouvement permet à Marivaux de s'inventer un rôle d'intellectuel désinvolte et refusant tout pédantisme. En 1719, ses *Pensées sur la clarté du discours* développent ses idées en matière de doctrine littéraire et consacrent sa rupture avec le classicisme de Boileau : la vraie clarté n'est possible, selon lui, que pour les pensées communes ; pour les pensées subtiles et singulières, il faut exclure une vision analytique du réel et renoncer à la recherche de l'expression exacte ; l'écrivain suggérera donc les nuances des sentiments, sans craindre de juxtaposer des termes qui ne l'ont jusqu'ici jamais été. C'est ainsi qu'il pourra donner de sa pensée une approximation aussi exacte que possible.

**Une « philosophie de tempérament »**

Marivaux fonde bientôt son propre journal, *Le Spectateur français* (1721-1724), sorte de journal de philosophie dont il est l'unique rédacteur et où les réflexions personnelles tiennent le premier rôle : « Je suis né de manière que tout me devient une matière à réflexion ; c'est comme une philosophie de tempérament que j'ai reçue et que le moindre objet met en exercice », écrit-il dès la première feuille de son journal. Dégagé des outrances inhérentes à la parodie romanesque, il y réfléchit sur le fonctionnement de l'esprit et sur le comportement de l'homme, sans aucun pédantisme et avec une désinvolture apparente qui est le comble de l'élégance : « Je ne destine aucun caractère à mes idées ; c'est le hasard qui leur donne le ton ; de là vient qu'une bagatelle me jette quelquefois dans le sérieux, pendant que l'objet le plus grave me fait rire ; et quand j'examine, après, le parti que mon imagination a pris, je vois souvent qu'elle s'est trompée. »

Il lance par la suite deux autres périodiques, *L'Indigent Philosophe* (1727) et *Le Cabinet du philosophe* (1734), journaux éphémères, mais précieux, car Marivaux y développe ses idées esthétiques et y répond aux critiques visant son œuvre. À la fin de sa vie, il donne encore des articles au *Mercure de France*, la revue de ses débuts, expliquant notamment pourquoi des « philosophes » comme Newton et Malebranche sont plus respectés que des beaux esprits comme Corneille et Racine.

## MARIVAUX ROMANCIER

**Romans psychologiques et romans burlesques**

Dès ses premiers essais dans le genre, marqués par le démon de la parodie, Marivaux conçoit le roman sous une double forme. Une forme qui se rattache au roman sentimental ou héroïque de La Calprenède ou de Mademoiselle de Scudéry est destinée à un public délicat et sensible, les femmes et les beaux esprits qui fréquentent leurs salons. *Les Aventures de *** ou les Effets surprenants de la sympathie* (1713-1714) illustrent cette forme romanesque, tout en dénonçant l'invraisemblance des intrigues à la mode. On découvre dans ce roman psychologique, qui se rattache à la tradition romanesque de l'amour fatal, fécond en grandes souffrances et en grandes consolations, les caractéristiques de l'œuvre dramatique future : recherche de soi, désir de connaître l'autre, analyse de la sensibilité, rôle important de l'émotion.

Presque simultanément Marivaux s'attache, avec *Pharsamon ou les Nouvelles Folies romanesques* – qui fait le procès des récits extravagants qui ont tourné la tête de son héros – et avec *La Voiture embourbée* (1714), à une autre forme de roman, réaliste et burlesque, prenant pour héros des personnages masculins, à l'esprit plus rustique, qu'il destine à l'importante partie du public qui aime Rabelais, Scarron ou Charles Sorel et qui fait le succès du *Gil Blas* de Lesage. Mais il faut attendre les romans de la maturité pour que s'affirme l'originalité du talent de Marivaux.

**Autobiographies imaginaires et romans d'analyse**

Autobiographies imaginaires conçues simultanément, *La Vie de Marianne* (1731-1741) et *Le Paysan parvenu* (1734-1735) présentent le même conflit entre l'individu et la société : orpheline sensible et fière, Marianne revendique par ses qualités personnelles le droit d'être elle-même et son appartenance à l'aristocratie. De même l'ancien paysan Jacob, devenu riche grâce à sa vitalité, à sa rouerie et à son cynisme joyeux, souhaite prouver sa parfaite intégration à la bourgeoisie d'affaires. Ces deux héros énergiques s'exposent à des aventures toujours renaissantes – l'auteur ne dédaigne pas le romanesque – qui viennent les éprouver. Ils servent de prétexte à des effets dramatiques et à ces variations psychologiques raffinées où excelle Marivaux, anatomiste du cœur, de la lucidité et de l'esprit.

La similitude de structure se retrouve dans la double dimension de Marianne et de Jacob, qui sont à la fois acteurs et spectateurs : privé du discours habituel d'un narrateur désincarné qui commente les faits et gestes de ses personnages, le lecteur doit tirer parti du « double registre » décelé par Jean Rousset et représenté ici par le décalage entre le point de vue du héros jeune et celui qui transparaît dans son récit. Marivaux a doté Marianne du génie de l'introspection : comtesse rassurée par sa réussite sociale, l'héroïne du roman peut contempler avec une ironie indulgente et souriante les anciens mouvements de son cœur. *Le Paysan parvenu* montre à la fois un Jacob de vingt ans, mais aussi celui qu'il est devenu et qui n'hésite pas à critiquer ses comportements passés en portant sur eux un jugement moral. Une autre dualité apparaît quand le personnage souligne la distorsion entre ce qu'il semble être aux yeux des autres et ce qu'il est réellement. Découverte de soi, le roman de Marivaux est un roman d'apprentissage qui unit étroitement le récit des faits et leur commentaire dans une analyse introspective à la première personne.

## MARIVAUX DRAMATURGE

« Presque toutes [ses] comédies sont des surprises de l'amour ; c'est-à-dire la situation de deux personnes qui, s'aimant et ne s'en doutant pas, laissent échapper par tous leurs discours un sentiment ignoré d'eux seuls, mais très visible pour l'indifférent qui les observe. »

Ce jugement de d'Alembert dégage bien l'originalité du théâtre de Marivaux, même s'il n'en fait pas ressortir la diversité.

**Fantaisie romanesque et réalisme**

Les éléments de la dramaturgie italienne – travestissement, mensonge, parodie… – soutiennent la construction de la plupart des comédies de Marivaux : presque toutes ses pièces offrent un ou plusieurs déguisements, soit qu'un état civil s'y dissimule, soit qu'un cœur s'y dérobe. Marivaux écrit pour les Comédiens-Italiens et s'adapte aussi bien aux fantaisies d'Arlequin qu'à la poésie un peu irréelle de Silvia. Et il crée pour eux des personnages romanesques comme l'ingénieuse Léontine du *Triomphe de l'amour*, la jeune veuve Araminte des *Fausses Confidences* ou le séduisant Dorante du *Jeu de l'amour et du hasard*. Mais ce romanesque n'exclut pas la réalité. Marivaux introduit l'argent sur la scène : dans la plupart de ses pièces, on parle de rente, de revenu, de legs, d'héritage ou de procès. Le romanesque rejoint aussi le réel quand il traduit chez les personnages la volonté de trouver la vérité.

**La naissance de l'amour**

En venant au théâtre, Marivaux privilégie le thème de la naissance de l'amour – qui jusque-là paraissait plutôt relever du roman – et concentre l'intérêt de l'action sur la prise de conscience du sentiment. Tantôt il s'insinue dans le cœur des deux protagonistes – et il suffit de laisser aller l'intrigue sans aucun événement extérieur, comme on voit dans *Le Jeu de l'amour et du hasard* –, tantôt une soubrette délurée, comme Flaminia dans *La Double Inconstance*, mène le jeu en s'insinuant dans les bonnes grâces de ses victimes.

### Les variations autour de la surprise de l'amour

Marivaux a écrit cinq comédies relevant de la surprise de l'amour, régulièrement espacées au cours de sa carrière dramatique, *La Surprise de l'amour* (1722), *La Seconde Surprise de l'amour* (1727), *Les Serments indiscrets* (1732), *Les Fausses Confidences* (1737) et *La Dispute* (1744). Il a toujours montré son **goût particulier pour ce moment**, auquel il offre les infinies ressources de sa palette psychologique énumérées par Lélio dès la première *Surprise* : « Le cœur d'une femme se donne sa secousse à lui-même ; il part sur un mot qu'on dit, sur un mot qu'on ne dit pas, sur une contenance. Elle a beau vous avoir dit qu'elle aime ; le répète-t-elle ? vous l'apprenez toujours, vous ne le saviez pas encore : ici par une impatience, par une froideur, par une imprudence, par une distraction en baissant les yeux, en les relevant, en sortant de sa place, en y restant ; enfin c'est de la jalousie, du calme, de l'inquiétude, de la joie, du babil, et du silence de toutes les couleurs ; et le moyen de ne pas s'enivrer du plaisir que cela donne ? le moyen de se voir adorer sans que la tête vous tourne ? » (*La Surprise de l'amour*, I, 2.)

### Les obstacles à l'amour

Alors que Molière créait des héros esclaves d'une passion liée à leur caractère et qui les faisait entrer en conflit avec les mœurs de leur époque, Marivaux présente des personnages qui n'ont pas de caractère particulier, mais qui se heurtent à un obstacle intérieur qu'il leur faut surmonter : leur amour naissant doit vaincre leur amour-propre. Ainsi, dans *Le Jeu de l'amour et du hasard*, c'est l'amour-propre qui interdit à Dorante (comme à Silvia) de s'avouer qu'il aime une suivante (ou un valet). Un autre obstacle découle de la peur d'aimer. Dans *Le Triomphe de l'amour*, Léontine, troublée jusqu'au plus intime de sa conscience, conçoit l'amour comme une source d'agitation et s'efforce, en luttant contre lui, de retrouver le calme dont elle jouissait auparavant.

### Le jeu et la sincérité

L'amour paraît diviser l'être des personnages de Marivaux, émergeant peu à peu du subconscient pour atteindre la conscience. Pourtant, tout n'est que jeu dans les comédies du dramaturge, malgré la profonde sincérité de ses héros. Le spectateur est complice de l'auteur : au début du *Jeu de l'amour et du hasard*, il est engagé dans le quiproquo créé par le double déguisement et ne peut douter du dénouement heureux. Pour qu'il n'y ait aucune ambiguïté, Marivaux met souvent en parallèle l'amour des maîtres et celui des valets, sorte de copie burlesque qui fait ressortir le côté plaisant des situations amoureuses. Et cela d'autant plus que souvent ces valets et ces soubrettes, voyant très bien dans leur cœur, n'ont que faire des obstacles qui retiennent leur maître.

Marivaux offre au spectateur un autre jeu, celui où l'un des personnages, devenu conscient de son amour, s'amuse d'un partenaire plus naïf et plus faible. C'est la princesse Léonide qui se joue d'Hermocrate et de Léontine dans *Le Triomphe de l'amour*, usant de la flatterie envers le philosophe bel esprit et de sa tendresse auprès de la vieille fille en mal d'affection. C'est Silvia qui, après avoir pratiqué le jeu du hasard, se risque (dans le troisième acte) au jeu de l'amour : elle prolonge le malaise de Dorante car elle lui en veut inconsciemment de s'être fait aimer sous l'habit d'un valet.

### Le goût du langage

Le langage possède dès les premières comédies de Marivaux une fonction poétique : Arlequin et Silvia dans *Arlequin poli par l'amour* et dans *La Double Inconstance* frappent par la netteté et la gaieté de leurs formules, qui restituent leur présence. Ils donnent l'impression en effet de naître de leur langage ; une interjection entre deux formules (« Il m'aime, crac, il m'enlève… ») fait affleurer l'âme du personnage. « Si le langage prend une importance privilégiée, observe Michel Gilot, c'est à cause de son caractère envahissant : tout est langage, rien n'est que langage, jusqu'aux gestes de l'amour. » Avant de parvenir au mariage, les personnages de Marivaux passent par différentes phases, chacune étant caractérisée par une parole spécifique. On voit donc que le langage peut être aussi utilisé comme élément de jeu : quand ils reprennent pour leur propre compte les mots de leurs maîtres et même s'ils s'efforcent de jongler avec ces mots, les valets sont bien gauches et empruntés : de là toutes les boursouflures précieuses auxquelles recourt Bourguignon, le domestique de Dorante, dans *Le Jeu de l'amour et du hasard*.

Nul ne sait mieux que Marivaux parodier la langue des salons, reproduire fidèlement le langage des valets ou le patois des paysans. Il recourt également à des alliances ingénieuses ou à des mots pris en même temps dans deux sens différents, comme dans cette réplique de Silvia à Arlequin (*Le Jeu de l'amour et du hasard*, I, 8) :

« – Croyez-vous que je plaise ici ? Comment me trouvez-vous ?

– Je vous trouve plaisant. »

Instruments de l'action chez Marivaux, le langage et le dialogue interviennent dans le développement de la comédie pour en freiner ou en accentuer le rythme. Le dramaturge en joue avec subtilité, comme on le voit dans un enchaînement qui traduit les hésitations d'Hortense dans *Le Prince travesti* (II, 7) :

« – Vous me haïrez, si je ne vous quitte.

– Je ne vous hais plus quand vous me quittez. »

Le passage du plan des mots au plan du cœur se fait dans ce théâtre en retrouvant un langage dans lequel on accepte de s'impliquer entièrement soi-même : « Il n'est aucune des grandes pièces de Marivaux, écrit Gabriel Marcel, qui ne progresse vers une clarté intérieure, vers une transparence de soi-même à soi-même et de soi-même à l'autre. »

# Sommaire des *Fausses Confidences*

## ACTE I

Deux candidats sont en lice pour l'emploi d'intendant chez Araminte, jeune et riche veuve de financier. L'un d'eux, qui restera en coulisses, est proposé par le comte Dorimont, qui espère épouser Araminte. Il est soutenu par Madame Argante, qui rêve de voir sa fille entrer dans la noblesse. Le second candidat, Dorante, est recommandé par son oncle, Monsieur Remy, le procureur d'Araminte. En réalité Dorante se présente chez Araminte, dont il est passionnément épris depuis longtemps, à l'instigation de Dubois, son ancien valet, passé au service d'Araminte. Décidé à faire la « fortune » de Dorante, Dubois a mis au point un plan pour lui permettre de séduire Araminte et lui promet, malgré les différences sociales qui excluent en principe son mariage avec elle, la dame et ses 50 000 livres de rente. Il lui recommande enfin de se faire apprécier par Marton, la suivante et confidente d'Araminte.

Venu présenter son neveu, Monsieur Remy lui conseille d'épouser Marton. La suivante semble attirée par le jeune homme et le procureur les déclare d'autorité « fiancés ». Araminte aperçoit Dorante et ne reste pas insensible à sa tournure et à ses manières. Elle décide de l'engager et lui donne Arlequin comme valet. Mais Madame Argante, faute d'avoir obtenu du nouvel intendant la compromission qui favoriserait le mariage de sa fille avec le comte Dorimont, décide de le faire renvoyer. Dorante rapporte à Araminte qu'on veut le faire trahir sa maîtresse à propos d'un procès qui oppose celle-ci au Comte pour la possession d'une terre.

Sous le prétexte de mettre en garde sa maîtresse contre le danger qui la menace (un intendant qui ose lever les yeux vers une personne d'un rang social si élevé), Dubois distille, à propos de l'amour fou que lui porte secrètement Dorante, une série de « confidences » dont Araminte se serait bien passée, mais auxquelles elle ne peut s'empêcher de prêter un intérêt évident. Troublée par cette révélation et par ses propres sentiments, Araminte ne sait que faire.

## ACTE II

Dorante assure à sa maîtresse que le droit est de son côté dans son litige avec Dorimont (elle n'a donc pas à craindre d'engager un procès), puis refuse devant elle une jeune veuve nantie de 15 000 livres de rente que Monsieur Remy, décidément très désireux d'établir son neveu, veut lui faire épouser toute affaire cessante. Arrive enfin le Comte qui, soucieux de hâter et d'assurer son propre mariage, voudrait gagner le nouvel intendant à sa cause en lui offrant de l'argent.

Un joaillier vient livrer un portrait enfermé dans une boîte. Marton croit y figurer. C'est Araminte qui s'y découvre, tandis que Dubois suscite une vive querelle avec Arlequin à propos d'un autre portrait d'Araminte, qui est accroché dans la chambre occupée par Dorante et que le nouvel intendant contemple intensément. De plus en plus troublée, Araminte tergiverse.

Pressée par le Comte et par Madame Argante de renvoyer son nouvel intendant, Araminte décide de lui tendre un piège et lui dicte une fausse lettre pour le Comte : elle annonce à celui-ci son intention de régler leur différend en l'épousant. Dorante souffre et se tait jusqu'à ce que le premier portrait, sorti de sa boîte, révèle ce qu'il voulait (ou prétendait vouloir) cacher : il tombe aux pieds d'Araminte. Marton l'y surprend au grand émoi de sa maîtresse.

REPÈRES

## ACTE III

Dubois, pleinement satisfait de l'évolution de la situation, décide d'« achever » Araminte pendant qu'elle est « étourdie ». Il utilise à son insu Marton pour subtiliser une fausse lettre de Dorante. Pendant ce temps Madame Argante s'agite, convaincue que ce nouvel intendant s'est fait engager uniquement parce qu'il était amoureux de la jeune veuve et qu'il a utilisé ce stratagème pour s'introduire auprès d'Araminte. Elle se fâche contre Marton et somme sa fille de renvoyer Dorante. Araminte résiste à l'hostilité déclarée de son entourage, mais tergiverse encore.

Marton vient apporter la lettre de Dorante où celui-ci révèle à un ami supposé son amour pour sa maîtresse (c'est une vraie confidence) et sa volonté de quitter la France (c'est une fausse confidence). Malgré une réaction de contrariété envers Dorante, le cœur d'Araminte est gagné. Pourtant, avant de s'avouer à elle-même son amour, Araminte doit lutter contre ses propres réticences à s'avouer et à reconnaître qu'elle aime un subalterne. Convaincue par Dorante que Monsieur Remy est le seul responsable du quiproquo de leurs brèves fiançailles, Marton le disculpe entièrement et se réconcilie avec sa maîtresse, qui accepte de recevoir Dorante.

Tous deux envisagent une séparation ; mais soudain, la première, Araminte déclare son amour. Éperdu de joie, Dorante lui confesse les stratagèmes de Dubois, qu'Araminte pardonne au nom de l'amour. Elle annonce elle-même fermement au Comte et à sa mère qu'elle épouse son intendant. Le mot de la fin est pour Dubois : « Ouf ! ma gloire m'accable, je mériterais bien d'appeler cette femme-là ma bru. »

# Les personnages

**Araminte :** jeune veuve richissime qui appartient à la haute bourgeoisie financière. Son mari lui a laissé plus de cinquante mille livres de rente (c'est-à-dire un revenu annuel d'environ huit cent mille euros). Elle est en conflit pour la possession d'une terre considérable avec le comte Dorimont, qui veut l'épouser.

Peu prodigue en confidences sur son premier mariage, elle n'a guère envie de se remarier. L'arrivée de son nouvel intendant, fomentée par son valet Dubois, va la « surprendre » et troubler sa situation « tranquille ».

**Dorante :** Dorante est le fils d'un avocat ruiné, sans que l'on sache pourquoi. Sa modeste situation financière – il a même dû renoncer à garder son valet – explique les projets matrimoniaux successifs de son oncle, Monsieur Remy, soucieux d'assurer son avenir matériel, et qui veut lui faire épouser Marton, puis une dame nantie de quinze mille livres de rente. Dorante est depuis longtemps l'amoureux muet et parfaitement désintéressé d'Araminte. Mais sa pauvreté constitue un obstacle infranchissable à son vœu, épouser la jeune veuve. Il est aidé dans son désir de conquête amoureuse par son ancien valet, Dubois, passé au service d'Araminte. Monsieur Remy, procureur d'Araminte, l'a recommandé pour une place d'intendant chez Araminte, qui vient de découvrir (sur les conseils peut-être de Dubois) la nécessité d'avoir un intendant.

**Madame Argante :** mère d'Araminte. C'est à elle qu'appartient la maison où se déroule la comédie. Aveuglée par le prestige de l'aristocratie, cette bourgeoise veut à tout prix que sa fille épouse le comte Dorimont, ce qui lui permettrait d'accéder à la noblesse.

**Dorimont :** vraisemblablement peu argenté, le comte Dorimont, seul aristocrate de la pièce, cherche à épouser Araminte pour restaurer sa fortune.

**Monsieur Remy :** Monsieur Remy est le procureur, c'est-à-dire l'avoué et l'homme d'affaires d'Araminte. Il lui a recommandé comme intendant son neveu Dorante, qui est son héritier et à qui il souhaite faire effectuer un mariage profitable.

**Dubois :** après avoir été le valet de Dorante, dont il est resté l'ami, Dubois est passé au service d'Araminte. Il s'est juré de « faire la fortune » de son ancien maître. Surveillant de la coulisse tout ce qui se passe chez Araminte, ce valet d'intrigue, fort de son autorité et de son habileté, apparaît comme l'ordonnateur des « fausses confidences » et le maître du jeu.

**Marton :** plus qu'une simple suivante, Marton est la confidente et la demoiselle de compagnie d'Araminte. Son père, procureur comme Monsieur Remy, l'a laissée sans fortune : elle attend un héritage et guette un mariage qui la ferait sortir de sa condition subalterne.

**Arlequin :** issu de la commedia dell'arte, Arlequin n'a pas dans *Les Fausses Confidences* le rôle important que lui offraient les premières comédies de Marivaux. C'est un des valets d'Araminte, qui le « donne » à son nouvel intendant.

# Résumés et commentaires

## ACTE I

### Commentaire général

Comme dans toutes les comédies de Marivaux, l'exposition des *Fausses Confidences* est extrêmement rapide : Dorante est introduit par Arlequin dans la maison d'Araminte, veuve d'un grand financier, dont il est épris en dépit de son manque de fortune et à qui il a été recommandé comme intendant par son oncle, Monsieur Remy. Dorante y rencontre clandestinement son ancien valet, Dubois, passé au service d'Araminte. Dubois lui promet avec entrain la réussite d'un mécanisme qu'il a conçu pour assurer la réussite de leur projet commun : faire épouser par Dorante la dame et ses cinquante mille livres de rente. Sur cette intrigue principale se greffent une contre-intrigue (Madame Argante, mère d'Araminte, entichée de noblesse, veut que sa fille épouse le comte Dorimont) et une intrigue secondaire (Monsieur Remy veut fiancer son neveu Dorante à Marton, la suivante d'Araminte).

La construction de l'acte comporte **trois séquences** :
– l'arrivée de Dorante, sollicitant un poste d'intendant auprès d'Araminte et accueilli par son ancien valet Dubois, et la décision inattendue de Monsieur Remy, fiançant d'autorité son neveu à Marton ;
– l'engagement comme intendant de Dorante par Araminte et son installation dans la place, traduite par un propos symbolique d'Arlequin : « Voilà une action de maître » ;

– l'opposition de fait entre Madame Argante, qui veut marier Araminte au comte Dorimont et chasser Dorante, et sa fille qui repousse l'éventualité de renvoyer un intendant aussi romanesque.

Le **schéma narratif** est le suivant : Dorante compte sur sa bonne « mine » pour se faire engager par Araminte et sur Dubois pour conquérir la jeune veuve et l'épouser. Dubois se met au service de Dorante et veut « faire sa fortune » (au double sens du mot : bonheur et richesse) en suscitant l'amour d'Araminte pour son ancien maître. Araminte se demande s'il est préférable de rester veuve ou de se remarier.

Le **plan d'action de Dubois** doit prendre en compte tous les éléments de la situation sociale d'Araminte. Son statut légal de veuve lui donne une liberté d'action qu'amplifie l'immense fortune que lui a laissée son mari et qui intéresse le comte Dorimont encore plus que Dubois. Cette liberté d'action lui permet de résister aux pressions de sa mère. Le mariage risque de lui faire perdre sa situation « si tranquille et si douce ». Enfin, les conventions sociales excluent *a priori* qu'une très riche veuve de la haute bourgeoisie épouse son intendant.

## ACTE I, SCÈNE 1
## (Dorante, Arlequin)

### RÉSUMÉ

Les premières répliques de la pièce permettent de situer la scène dans une pièce de réception où Arlequin, domestique de « Madame », introduit Dorante et tente maladroitement de lui faire la conversation en attendant l'arrivée de Mademoiselle Marton, dame de compagnie et confidente de Madame.

### COMMENTAIRE

**Arlequin**

Le zèle excessif et inopportun d'Arlequin répond à ce que l'on attend de ce valet issu de la commedia dell'arte, **niais et balourd**. Mais sa naïveté est peut-être moins réelle qu'affectée. En soulignant l'amabilité de sa maîtresse, Arlequin fait ressortir d'emblée la tension de Dorante, fébrile et mal à l'aise dans cette maison où il arrive. Surtout, l'obséquiosité bavarde d'Arlequin joue un rôle démystificateur : « Si vous voulez, je vous tiendrai compagnie, de peur que l'ennui ne vous prenne : nous discourrons en attendant ». L'artifice des conventions sociales, qui s'impose dans les relations et par suite dans les propos, est mis à nu par l'association entre l'ingénuité de l'offre et l'incongruité de sa formulation.

## ACTE I, SCÈNE 2
## (Dorante, Dubois)

**RÉSUMÉ**

Entrée de Dubois, autrefois valet de Dorante, maintenant au service d'Araminte, qui arbore un air de mystère : la connivence entre Dorante et lui doit rester inconnue des domestiques. Dorante est un bourgeois ruiné que son oncle, Monsieur Remy, « procureur » (= fondé de pouvoir devant les tribunaux, avoué) d'Araminte, une jeune et très riche veuve, a recommandé à sa cliente qui cherchait un intendant. En fait il s'agit d'un plan ourdi par Dubois, avec le consentement de son ancien maître, pour permettre à Dorante, qui aime depuis longtemps Araminte, de la séduire et de l'épouser, quelles que soient les différences sociales entre eux. Dubois argumente longuement pour essayer d'insuffler sa confiance et son énergie à Dorante, qui craint pour la réussite de son stratagème. Avant de quitter la scène, il fait une dernière recommandation à Dorante, sans lui expliquer les raisons qui le guident : il doit se faire aimer également de Marton, la suivante d'Araminte.

**COMMENTAIRE**

### L'art de l'exposition

Marivaux recherche une exposition qui n'ait rien de statique : elle se déroule au long d'une discussion naturelle et souvent vive entre les deux personnages. Anxieux, timoré parfois, Dorante accumule les objections devant les projets de Dubois et celui-ci s'emploie avec conviction à les réfuter. Le dynamisme du serviteur, qui organise et qui dirige, et sa force de conviction confèrent à la scène un **mouvement dramatique**. On se trouve en présence d'un véritable complot, tramé par Dubois au bénéfice de son ancien maître, et on découvre tous les antécédents de la situation actuelle.

Marivaux perd ainsi le bénéfice de la surprise (Dorante a des consignes à suivre et non des initiatives à prendre), mais **déplace l'intérêt** vers le masque emprunté par Dorante et vers les risques encourus dans son entreprise : la passion sincère pourra-t-elle triompher de toutes les conventions, de toutes les contraintes sociales ? Et cela, alors que Dorante accepte un obstacle supplémentaire en devenant intendant pour approcher Araminte : comment la jeune veuve pourrait-elle épouser un subalterne ?

L'originalité de cette scène tient à ce qu'elle présente, au début de la pièce, un **projet apparemment impossible à réaliser** : on sent, observe Michel Gilot, « l'emportement de l'imagination du dramaturge, empoigné par une idée irrésistible. »

## Un milieu social complexe

On connaît maintenant bien les sentiments de Dorante pour la femme à qui il va être présenté et beaucoup d'ambiguïtés sont levées sur ses intentions : « Je l'épouserai ». Mais il souligne la barrière sociale qui s'oppose à ses vœux : « Tu crois qu'elle fera quelque attention à moi, que je l'épouserai, moi qui ne suis rien, moi qui n'ai point de bien ? » Entre la riche Araminte, « veuve d'un mari qui avait une grande charge dans les finances », et Dorante, fils d'un avocat ruiné, se dresse ici le mur de l'argent. Que tous deux appartiennent à la bourgeoisie ne change absolument rien à la situation : Araminte vit dans un milieu en pleine ascension sociale, alors que Dorante connaît la même régression sociale que Marivaux, ruiné par la banqueroute de Law. Or, la différence de fortune – et *a fortiori* une différence énorme – pèse d'un poids encore plus lourd que la différence de classe sociale. **Témoin des mentalités de son époque**, Marivaux fait appréhender et redouter par

Dorante tout ce qui le sépare matériellement et socialement d'Araminte.

Le **statut de veuve** privilégie Araminte. Au XVIIIe siècle, alors que les jeunes filles vivent sous la tutelle de leur père et que le mariage les fait passer sous l'autorité de leur mari, les veuves jouissent juridiquement et matériellement (si elles bénéficient d'un héritage suffisant) d'une indépendance totale. Cette **liberté** autorise Araminte à choisir un nouvel époux à sa guise, mais elle l'expose moralement : nul n'est à l'abri des intrigues galantes ni des commentaires des autres, dans une société où règne le conformisme moral. Or Dubois nous apprend qu'Araminte est à la fois « raisonnable » et « fière ». Ces qualités constituent un obstacle pour la réussite du complot.

### L'inversion des rôles entre maître et valet : l'ascendant de Dubois

Avec Dubois, Marivaux présente un **homme d'action** qui, comme le fera plus tard Jacques le fataliste dans le roman de Diderot, « mène son maître ». Quand il dévoile ses projets à Dorante, auquel le lie une sincère amitié, on constate que Dubois possède un ascendant considérable sur son ancien maître, oscillant entre l'affection, les réprimandes, la protection et l'orgueil, voire l'insolence. Cette scène constitue une « **démonstration de la passation du pouvoir des maîtres aux valets** (Georgette Mennessons), par l'entremise d'un **stratège cynique** (« Nous sommes convenus de toutes nos actions, toutes nos mesures sont prises »), **dominateur** (« Je connais l'humeur de ma maîtresse, je sais votre mérite, je sais mes talents, je vous conduis »), **effronté** (« Je vous vois déjà en déshabillé dans l'appartement de Madame ») et presque **menaçant** (« On vous épousera, toute fière qu'on est, et on vous enrichira, tout ruiné que vous êtes, entendez-vous ? Fierté, raison, richesse, il faudra que tout se rende »). Avide de pouvoir et soucieux de se prouver qu'il peut agir dans la société, Dubois est peut-être mû par un intérêt égoïste : en faisant le bonheur de son maître, n'espère-t-il pas préparer également le sien et accéder à la richesse ? Il n'est pas impossible que ses ambitions rejoignent celles de Jacob dans *Le Paysan* *parvenu* (« Aujourd'hui serviteur, demain maître ? »). Mais son attachement à Dorante lui fait considérer que son entreprise n'a rien d'immoral. Ne tend-elle pas à faire le bonheur de deux êtres ? N'annonce-t-elle pas que le dénouement de la comédie est garanti : « Quand l'amour parle, il est le maître, et il parlera. »

## ACTE I, SCÈNE 3
## (Monsieur Remy, Dorante)

### RÉSUMÉ

Monsieur Remy ignore tout du complot que trame Dubois et il a bien d'autres vues pour son neveu qui est son héritier... du moins tant qu'il ne se marie pas lui-même. En oncle avisé, il désire que Dorante épouse Marton, dont il connaît bien la famille et qui peut compter sur un bel héritage. Surpris un instant, Dorante feint d'acquiescer docilement.

### COMMENTAIRE

**L'art des symétries**

La scène 3 est **symétrique** de la précédente. Cependant l'organisateur de l'intrigue n'est plus Dubois, mais **Monsieur Remy**, qui présente son plan de la façon la plus enthousiaste et la plus abrupte qui soit. L'oncle parle en homme d'affaires avisé que son expérience a mis en garde contre les risques des successions. Son goût de la stabilité le pousse à unir Dorante et Marton, ces deux rejetons ruinés de la bourgeoisie de robe et confinés dans des emplois de domestiques. Dorante n'accepte que du bout des lèvres, et encore uniquement parce qu'il découvre que les consignes de son oncle s'intègrent au plan de Dubois et à son dernier conseil (« Tâchez que Mademoiselle Marton prenne un peu de goût pour vous », sc. 2).

L'embarras de Dorante et ses réserves, bien moins vivement exprimées que ses objections dans la scène précédente (il parle à son oncle avec plus de déférence qu'à son ancien valet), présentent le personnage sous un jour sympathique. On pouvait le juger assez sévèrement dans la scène 2, quand il se préparait à conquérir une jolie veuve et une grande fortune. En ne faisant pas le moindre cas de la fortune qui attend Marton, Dorante met fin à l'ambiguïté qui risquait de le faire paraître pour un séducteur intéressé. La scène **substitue l'être au paraître** et impose l'image d'un amoureux sincèrement et profondément épris.

**Le comique**

La distanciation que Marivaux pratique vis-à-vis de ses personnages permet au spectateur d'apprécier le **comique de la situation** : Monsieur Remy déploie toute son éloquence de procureur pour convaincre Dorante de se comporter avec Marton comme Dubois lui avait conseillé de le faire, et Dorante se soumet, mais dans un but qui ne rejoint en rien les intentions marieuses de son oncle. Le comique tient aussi au style de Monsieur Remy, qui oscille entre la préciosité (« En venant ici, j'ai rêvé à une chose »), mêlée de pointes (« Mon bien, que je vous destine aujourd'hui, et que je vous ôterai demain peut-être »), la familiarité désinvolte (« auquel cas, serviteur au collatéral ») et l'accumulation de termes professionnels.

## ACTE I, SCÈNE 4
## (Monsieur Remy, Marton, Dorante)

## SCÈNE 5
## (Marton, Dorante)

**RÉSUMÉ**

Sans la moindre attention pour les sentiments de Dorante et de Marton, Monsieur Remy fiance d'autorité les deux jeunes gens. Il affirme à la demoiselle de compagnie que Dorante l'aime depuis longtemps. Marton semble attirée par Dorante qui tait ses sentiments réels, par crainte d'être desservi auprès d'Araminte (sc. 4). Marton avoue sa surprise et son incertitude. Dorante lui répond de façon hésitante et ambiguë (sc. 5).

COMMENTAIRE

**La première fausse confidence**

Monsieur Remy interroge très directement Marton (qu'il appelle Mademoiselle Marton car sa pauvreté ne l'empêche pas de faire partie de la bourgeoisie) sur les qualités de son neveu (« Que pensez-vous de ce grand garçon-là ? »). La réponse polie de la demoiselle de compagnie paraît un éloge flatteur à cet homme de loi peu au fait des sentiments amoureux et Monsieur Remy se lance avec un étonnant aplomb dans la **première fausse confidence** de la pièce. Il révèle à Marton un récent aveu de Dorante : son neveu, prétend-il, est très sensible au charme de la jeune demoiselle de compagnie, qu'il a vue plusieurs fois chez lui, allant même jusqu'à demander dès la première fois : « Quelle est cette jolie fille-là ? ». Habitué par son métier à expédier un mariage comme une affaire (« Vous ne feriez pas une si mauvaise emplette »), Monsieur Remy continue sur sa lancée et déclare d'autorité les deux jeunes gens fiancés.

Les **trois rires successifs** de Marton, soulignés dans les didascalies* de la fin de la scène 4, marquent une gradation dans la précipitation de Monsieur Remy, puis elle se laisse prendre au jeu (« Je n'ai pas l'air si indocile ») et enfin badine en s'amusant de sa situation nouvelle (« Adieu donc, mon oncle »). La jeune fille est **saisie de vertige** devant le nouveau cours que la décision de Monsieur Remy va faire prendre à sa vie ; elle rêve éveillée et déjà s'inquiète des sentiments de Dorante. On est en présence d'un phénomène souvent décrit par Marivaux, la **naissance soudaine de l'amour** (« J'admire le penchant dont on se prend tout d'un coup l'un pour l'autre »), qui s'accompagne aussitôt de la crainte de voir l'être aimé inconstant. Frappée de stupeur par la révélation de ses sentiments, tout heureuse aussi à l'idée de pouvoir quitter bientôt sa condition de suivante, Marton ne prête pas attention à l'ambiguïté de la réponse qu'apporte Dorante à son interrogation inquiète. La voilà prête à servir les intérêts de Dorante dans la place, comme l'avait prévu Dubois. Le **double langage** de Dorante, son obéissance feinte, sa timidité embarrassée transforment Monsieur Remy et Marton en simples marionnettes.

## ACTE I, SCÈNE 6
## (Araminte, Marton)


**RÉSUMÉ**

Araminte a aperçu de loin Dorante et, sans en prendre conscience, a été impressionnée par son élégance et sa jeunesse. Elle demande à Marton de le lui amener aussitôt.


**COMMENTAIRE**

### La surprise d'Araminte

L'entrée en scène d'Araminte, connue jusque-là par ouï-dire, ne permet pas une rencontre immédiate avec Dorante, que l'héroïne a seulement aperçu sur la terrasse au moment où il venait de quitter Marton. Ce **retardement** permet à Araminte, tout en restant très grande dame (« Eh bien ! qu'on le fasse venir »), de révéler le **soudain intérêt** que suscitent en elle la vue de Dorante et la manière dont il l'a saluée : elle apprécie son salut gracieux et sa « façon », c'est-à-dire son habillement, son maintien, sa démarche et sa « mine ». Cette attirance immédiate pour un futur employé traité en objet (« Dès que c'est Monsieur Remy qui me le donne, je le prends ») conduit Araminte à envisager l'obstacle possible à sa décision, le qu'en dira-t-on : « J'ai quelque scrupule de le prendre ».

Marton a beau croire qu'en défendant impétueusement Dorante (« Est-on obligé de n'avoir que des intendants mal faits ? ») elle entraîne la décision de sa maîtresse d'engager Dorante comme intendant, c'est le **désir** qui convainc Araminte d'arriver à ses fins de la façon la plus possessive qui soit, et au prix d'ailleurs d'une habile mauvaise foi : « Dès que c'est Monsieur Remy qui me le donne, c'en est assez ; je le prends ». Elle pourrait bien sûr faire de Dorante son amant, avec l'opportunité du « petit appartement dans le jardin » où Marton veut faire installer le nouvel intendant. Mais ce n'est pas le projet de Marivaux, dont les comédies ignorent le statut de l'amant si volontiers reconnu au XVIII^e^ siècle. Il veut par l'intermédiaire de Dubois amener Araminte à épouser Dorante.

# ACTE I, SCÈNE 7
# (Dorante, Araminte, Marton)

## RÉSUMÉ

Première rencontre d'Araminte et de Dorante. Elle lui annonce qu'elle a décidé de l'engager comme intendant, il lui exprime l'honneur et le plaisir qu'il éprouve d'entrer à son service. Sensible au zèle du jeune homme, Araminte fait délicatement remarquer que l'absence de fortune n'altère en rien le mérite de Dorante : elle souligne que son âge lui laisse de belles espérances.

## COMMENTAIRE

### L'accueil d'Araminte

Avant même d'interroger Dorante sur ses compétences et son expérience d'intendant, Araminte l'accueille avec beaucoup de **simplicité** et lui déclare d'emblée qu'elle l'engage, lui donnant la préférence sur un autre candidat vivement recommandé par un de ses amis (on apprendra au cours de la scène 10 qu'il s'agit d'un intendant proposé par le Comte). La déférence de Dorante et surtout sa modestie timide (« Mon père était avocat et je pourrais l'être moi-même ») touchent la **sensibilité** d'Araminte. Attentive aux autres, elle déplore l'injustice qui règne dans une société de privilégiés et de parvenus, figée par des carcans rigides : « Il est vrai que je suis toujours fâchée de voir d'honnêtes gens sans fortune, tandis qu'une infinité de gens de rien et sans mérite en ont une éclatante ».

Parfaitement **naturelle**, elle n'hésite pas à parler de la jeunesse de Dorante, puis cherche à donner espoir et confiance à son nouvel intendant en soulignant qu'il a droit au bonheur (« Ce qu'il y a de consolant pour vous, c'est que vous avez le temps de devenir heureux »), réflexion qui peut se comprendre aussi comme une **confidence personnelle involontaire**. « Il faut, comme le disait très bien Marivaux lui-même, que les acteurs ne paraissent jamais sentir la valeur de ce qu'ils disent, et qu'en même temps les spectateurs la sentent et la démêlent à travers l'espèce de nuage dont l'auteur a dû envelopper leurs discours » (d'Alembert, *Éloge de Marivaux*).

### L'habileté de Dorante

Dorante, discret depuis le début de la pièce – peut-être parce que, tout à son amour pour Araminte, il se replie dans le silence et la solitude, laissant à Dubois l'initiative des paroles –, se montre **habile et vif** dans des réparties qui révèlent beaucoup de maîtrise de soi. Sans jamais manquer à la déférence, il réussit à exprimer les sentiments qu'il éprouve, prenant au mot la sympathie exprimée par Araminte (« [...] devenir heureux. – Je commence à l'être, Madame »). La brièveté de la réplique embarrasse fortement Araminte : elle fait appel à Marton pour choisir le domestique qui servira Dorante. L'ironie du sort et les nécessités dramaturgiques entraînent la désignation d'Arlequin, qui avait excédé Dorante dès la première scène.

## ACTE I, SCÈNE 8
## (Araminte, Dorante, Marton, Arlequin, un domestique)

## ACTE I, SCÈNE 9
## (Dorante, Marton, Arlequin)

**RÉSUMÉ**

Araminte annonce à Arlequin qu'il sera désormais au service de Dorante. Le benêt ne comprend-il pas ? Ou fait-il semblant de ne pas comprendre (sc. 8) ? À force de se plaindre il réussit à soutirer de l'argent à son nouveau maître (sc. 9).

**COMMENTAIRE**

### Le champ lexical de la dépendance

L'examen des mots employés dans les scènes 8 et 9 autorise l'identification d'un **champ lexical** majeur, celui **de la « dépendance »** : *donner* (cinq occurrences, dont deux montrent que le valet est considéré comme un objet, d'où les interrogations d'Arlequin : « Est-ce que je ne serai plus à moi ? Ma personne ne m'appartiendra donc plus ? ») ; *servir* (huit occurrences) ; *valet* (trois occurrences) ; *maître* ; *obéir*, *ordre* (deux occurrences), *commandement*, *congé*. On peut y associer le **champ lexical de l'argent** (*gages*, *payer*, *gratis*, *friponner*, *meilleur marché*) et celui des **insultes** (*benêt*, *sot*, *faquin*). Ce champ lexical dessine une société où règne une violence institutionnelle traduite par des rapports de force entre maîtres et valets. Mais l'analyse doit être nuancée : de tous les personnages, le seul vraiment agressif envers le valet est Marton que **sa situation de suivante place dans une position sociale intermédiaire entre maîtres et valets**. Araminte explique sa décision à Arlequin en faisant preuve d'une grande patience. Quant à Dorante, sa générosité le fait apprécier de son nouveau domestique, qui le qualifie de « gentil camarade » et va s'attacher fidèlement à lui, après avoir d'abord souffert d'être réduit au rang de domestique d'un autre domestique.

### La niaiserie provocatrice d'Arlequin

Interpellé par Marton, Arlequin se présente avec un laisser-aller qui traduit la non-éducation traditionnelle chez ce personnage familier du public de l'époque pour sa niaiserie grotesque. Araminte, qui connaît son valet, utilise trois tournures successives pour lui signifier sa nouvelle affectation : il passe au service de Dorante. Cette répétition n'empêche pas un **contre-sens immédiat** d'Arlequin, qui prend l'expression au pied de la lettre : « Comment, Madame, vous me donnez à lui ! Est-ce que je ne serai plus à moi ? Ma personne ne m'appartiendra donc plus ? » La question qui se pose est de savoir si la **niaiserie d'Arlequin est réelle ou si elle n'est pas porteuse d'une vérité provocatrice** et dissonante dans un univers lisse, où règnent les conventions. Un demi-siècle avant Figaro, le franc-parler du valet remet en question la condition du domestique taillable et corvéable à merci que Marivaux a déjà mise en scène dans *La Double Inconstance* (1723) et surtout dans *L'Île des esclaves* (1725), où il fait assister le spectateur à la rééducation de deux maîtres par leurs esclaves.

### Un brillant comédien

Mais Marivaux cherche avant tout à faire rire. Il gomme tout ce qui serait trop direct et sa didascalie « *comme pleurant* » montre qu'Arlequin joue la comédie pour Araminte et ses gens. Le comique de son numéro naît de l'**incompréhension apparente** du valet, qui ne l'empêche pas de raisonner aussi habilement qu'un **sophiste** (« Je représente à Madame que cela ne serait pas juste : je ne donnerai pas ma peine d'un côté, pendant que l'argent me viendra d'un autre. Il faut que vous ayez mon service puisque j'aurai vos gages ; autrement je friponnerais Madame ») ou de **subtiliser élégamment sur les mots** (« C'est Madame qui donnera ordre à Monsieur de souffrir mon service, que je lui prêterai par le commandement de Madame »).

### Argent et fidélité

Arlequin associe l'insolence à la drôlerie pour extorquer à Dorante de l'argent, cet argent à propos duquel il délivre des messages simples et lumineux : le maître est celui qui paie (sc. 8) ; payer est « une action de maître ». Une généreuse avance sur ses pourboires lui fait enfin admettre que le nouvel intendant est bien son maître. Arlequin redevient aussitôt le valet conventionnel de la comédie italienne, glouton et grand amateur de vin. Mais sa fidélité est désormais tout acquise à Dorante. Elle ne se démentira pas dans la suite de la pièce.

## ACTE I, SCÈNE 10
## (Dorante, Marton, Madame Argante)

**RÉSUMÉ**

Au moment où Marton indique à Dorante que leur mariage ne pouvait qu'être favorisé par la bonne impression qu'il avait produite sur Araminte, survient Madame Argante. Elle est irritée qu'Araminte ait engagé un nouvel intendant sans même recevoir celui que le Comte avait choisi pour elle. Apprenant de Dorante qu'il a été retenu par Araminte, elle critique sa trop grande jeunesse, son inexpérience et son incompétence supposée. Elle cherche pourtant à faire de Dorante son allié et lui demande de favoriser ses projets. Elle désire en effet voir sa fille épouser le comte Dorimont qui lui apporterait un titre précieux et la consécration sociale. L'affaire est bien engagée, puisqu'on envisage de marier Araminte et le Comte, en conflit pour la possession d'une terre considérable, afin d'éviter les désagréments d'un procès. Araminte souhaite pourtant savoir préalablement si elle est ou non dans son bon droit et elle laisse les choses traîner. Madame Argante expose donc au nouvel intendant ce qu'elle attend de lui : tromper sa fille sur l'état de ses affaires et lui dire que, si elle va en justice, elle perdra : cette perspective incitera certainement sa fille à se marier. Dorante refuse tout manquement à la probité : il ne fera pas de faux rapport à Araminte. Furieuse, Madame Argante le quitte, après avoir glissé à Marton qu'elle va le faire renvoyer.

## COMMENTAIRE

### Un dragon revêche

« Dragon revêche qui monte la garde autour de sa fille et essaie de lui imposer son gendre » (Charles Dédeyan), Madame Argante est un personnage de Molière. Sorte de Monsieur Jourdain possédant en plus l'impertinence autoritaire et agressive de Madame Pernelle, **elle ne jure que par le rang** et se rengorge par avance du « beau nom » que va porter sa fille en devenant Madame la comtesse Dorimont. Elle espère que le passage de sa fille de la haute finance à la noblesse va rejaillir sur elle, sa mère, et lui ouvrira la porte des sociétés les plus fermées. On notera que Marivaux a choisi le nom de Dorimont, très courant et aussi traditionnel dans les comédies du siècle que celui de Dorante, pour faire ressortir le **ridicule** des prétentions de Madame Argante, qui regrette qu'Araminte, loin de lui ressembler, manque d'ambition et soit insensible aux grandeurs d'établissement. Le goût pour la noblesse n'a pas fait disparaître chez Madame Argante l'intérêt pour l'argent : elle n'a que **mépris** pour tous ceux qui n'ont pu réussir dans la société de privilégiés et de parvenus où elle se complaît.

### Une situation de tous les dangers

Les projets de Dorante et de son stratège Dubois tendaient

à surmonter la différence de condition susceptible de contrecarrer le mariage. Un **nouvel obstacle** se présente, que Dorante a toutes les raisons de redouter : il est en présence d'un **rival**, déjà partiellement installé dans la place, très vivement soutenu par la mère d'Araminte, et qui peut permettre à la jeune veuve d'achever son élévation sociale, tout en lui évitant les aléas d'un procès incertain et coûteux.

Bien sûr, Dorante apprend avec satisfaction qu'Araminte marque peu d'inclination pour le Comte et, au grand dam de sa mère, qu'elle manque d'ambition (« Je ne lui trouve pas assez d'élévation »), se contentant parfaitement de sa situation sociale. Mais l'animosité de Madame Argante – qui a conçu immédiatement des soupçons – l'expose maintenant à plusieurs **nouveaux risques** : la mère d'Araminte, qui s'est tout de suite méfiée de la figure de Dorante (= son apparence physique) et de son air (= son appartenance sociale), peut le faire chasser, le démasquer ou le ruiner dans l'esprit de sa fille. Dorante paraît pourtant en mesure de faire face, car **son caractère s'affirme** : alors qu'il aurait pu céder ou éluder, le voilà qui donne une leçon de morale à Madame Argante.

### La morale subalterne

La colère de Madame Argante est due à la loyauté intransigeante que lui oppose Dorante : le nouvel intendant explique qu'il veut examiner en toute probité si sa maîtresse a ou non intérêt à plaider, refusant par là de trahir Araminte sur sa « figure » (= son apparence physique) et sur son « air » (= son appartenance sociale) comme Madame Argante le lui demande instamment. Son exigence morale est qualifiée de « subalterne » par Madame Argante, **pour qui un serviteur n'a pas à avoir de morale**, son seul devoir étant d'obéir aux consignes de ses maîtres. Marivaux veut faire ressortir le côté choquant et ridicule de l'opinion selon laquelle la morale des individus doit être nécessairement fonction de l'emploi qu'ils occupent et du milieu dont ils proviennent : à ce compte, un serviteur ne pourrait avoir qu'une morale subalterne.

Marivaux amène ainsi le spectateur à se demander si la « morale subalterne » n'est pas du côté de Madame Argante et si la vraie noblesse n'est pas celle du cœur. Personnage symbolique, Madame Argante, observe Jean Picano, « représente une manière de penser à l'avenir et d'envisager la vie en se donnant les moyens d'une élévation sociale. L'amour fait partie de cette morale subalterne qu'**elle condamne ». Aussi ne faut-il pas s'étonner qu'elle n'accorde pas à sa fille le droit au bonheur** ou, plus exactement, qu'elle n'envisage de bonheur pour sa fille qu'à travers le filtre d'un mariage la faisant sortir de la bourgeoisie et pénétrer dans l'aristocratie.

## ACTE I, SCÈNE 11
## (Dorante, Marton)

### RÉSUMÉ

Marton regrette que Dorante n'ait pas consenti à la demande de Madame Argante. Elle lui révèle qu'Araminte hésite à se remarier avec le Comte et que celui-ci a promis mille écus à Marton si le mariage se faisait. Dorante se sent aussitôt soulagé : le rôle que Dubois lui avait imposé, jouer à l'amoureux de Marton, le gênait. Dès lors que la suivante trahit pour de l'argent une maîtresse qui en a fait sa confidente et son amie, ses scrupules s'évanouissent.

### COMMENTAIRE

**Les difficultés de Marton**

Après s'être opposé à la mère d'Araminte au nom de la probité, Dorante s'oppose à sa demoiselle de compagnie pour la même raison, quand il découvre qu'elle est payée par le Comte et trahit Araminte. Stupéfait de sa découverte et choqué des arguments allégués par Marton (« Que vous importe ce que vous direz à la fille, dès que la mère sera votre garant ? »), il trouve dans la **duplicité intéressée** de la suivante, qui ne veut pas comprendre ses mises en garde répétées, une raison de se sentir moins mal à l'aise : il était gêné de devoir la séduire pour gagner les bonnes grâces de sa maîtresse. En dupant Marton il va la punir de son **double jeu** et aider Araminte.

# ACTE I, SCÈNE 12
# (Araminte, Dorante)

# SCÈNE 13
# (Dorante, Araminte, Dubois)

RÉSUMÉ

Bref tête-à-tête entre Araminte et Dorante. Ainsi mis en confiance par Araminte qui lui révèle son « secret » (on veut la marier avec le Comte), Dorante raconte à la jeune femme ce qu'on a cherché à obtenir de lui. Elle le remercie de sa fidélité, s'irrite contre le comportement de sa mère et s'apprête à lui faire une confidence (sc. 12), quand surgit Dubois, jouant la pantomime pour attirer l'attention d'Araminte, et porteur, dit-il, d'un message hautement confidentiel (sc. 13).

COMMENTAIRE

## Le secret d'Araminte

Le rôle d'intendant justifie qu'Araminte révèle à Dorante son secret : « On veut [la] marier avec Monsieur le comte Dorimont, pour éviter un grand procès ». Mais elle le fait de telle manière que le projet à l'air d'un complot et que le partage de ce secret les **rapproche l'un de l'autre**. Quand Dorante lui dévoile les pressions qu'il a subies pour manquer à la probité, Araminte perçoit en lui un allié rare. Elle s'instaure la **protectrice de son intendant** : ce **masque** va lui permettre de dissimuler un sentiment né de sa surprise – la surprise de l'amour – devant la beauté de Dorante et elle laisse éclater son indignation contre sa mère. Sortie de son contexte, la colère d'Araminte pourrait être celle d'une jeune femme rejetant la tutelle de sa mère sur le choix de son cœur. L'habileté des réponses de Dorante, généreux et modeste (« Je suis confus de vos bontés, et je suis trop heureux d'avoir été querellé »), n'empêche pas Araminte de **discerner les sous-entendus de ses répliques**. Commençant à percevoir leur sens caché, elle est gênée et ramène la conversation à ses problèmes financiers et matrimoniaux. L'entrée en scène de Dubois, jouant à l'homme stupéfait pour mieux faire croire ce qui va suivre, n'empêche pas Araminte d'inviter Dorante à venir reprendre ensuite la conversation interrompue.

## ACTE I, SCÈNE 14
## (Araminte, Dubois)

**RÉSUMÉ**

Après avoir capté l'attention, puis l'inquiétude d'Araminte, Dubois lui révèle successivement qu'il a été le valet de Dorante, que celui-ci possède toutes les qualités morales souhaitables, mais qu'il est fou, que sa folie est d'ordre amoureux, que l'objet en est – et depuis très longtemps – Araminte elle-même, et que sa passion est incurable. Il conseille à Araminte de renvoyer Dorante. Araminte, flattée et troublée par cette passion romanesque, argue de divers prétextes pour s'y refuser : elle espère ramener Dorante à la raison en lui donnant la possibilité de la voir davantage et réclame à Dubois le secret sur cette affaire.

**COMMENTAIRE**

### La mécanique dramatique de la fausse confidence

La fausse confidence de Dubois n'est pas un mensonge, « fausse » ne prenant pas le sens contraire de « vraie ». C'est une information « confiée » (confidence) dans une intention trompeuse, une **révélation calculée** pour susciter le **résultat inverse** de celui que Dubois paraît espérer obtenir en dévoilant le violent amour de Dorante. Dubois est amené à construire toute une mécanique dramatique pour qu'Araminte connaisse l'amour de Dorante – sincère, profond, violent – et qu'elle l'accepte. Car s'il a découvert le penchant de sa maîtresse pour son nouvel intendant, il sait que l'amour-propre d'Araminte lui interdit de l'avouer : les deux personnages n'appartiennent pas à la même société et la pauvreté de Dorante constitue un obstacle dirimant. Pour **vaincre cet amour-propre**, il va **feindre** de vouloir mettre en garde Araminte et l'inciter à renvoyer un prétendant importun, c'est-à-dire feindre de raisonner comme elle pour être plus crédible, tout en espérant obtenir le résultat contraire. Le but réel de la confidence est de mettre Araminte en confiance, tout en la persuadant habilement de la passion exclusive que lui voue Dorante.

### Dubois, un valet diabolique

Le stratagème de Dubois est très habilement mené par **étapes** qui conduisent successivement ce virtuose à :
– affecter une loyauté indéfectible envers sa maîtresse ;
– chercher à intriguer Araminte par des réponses évasives (« Si je le connais, Madame ! si je le connais ! ah vraiment oui ») ;
– s'efforcer d'inquiéter la jeune femme en lui faisant redouter le pire (« C'est un démon que cet homme-là ») ;
– louer l'honneur et la probité de Dorante, ce qui conduit Araminte à avouer son émotion ;
– livrer d'un seul coup la vérité, c'est-à-dire la folie de Dorante, en se touchant le front (« C'est à la tête que le mal le tient [...] Oui il est timbré ») ;
– forcer la note pour mettre en relief les ravages suscités chez Dorante par sa folie, l'amour ;
– prendre Araminte à contre-pied en lui révélant que c'est elle qui est l'objet de la violente passion de son intendant (« – Est-ce que tu la connais, cette personne ? – J'ai l'honneur de la voir tous les jours, c'est vous, Madame ») ;
– susciter la jalousie de la jeune veuve en parlant d'« une grande brune très piquante » qui poursuit Dorante de ses assiduités ;
– revenir sur la passion de Dorante en racontant la manière dont elle s'est cristallisée un vendredi à la sortie de l'Opéra et en multipliant les détails pris sur le vif qui montrent que, depuis ce coup de foudre, Dorante est un amant courtois et respectueusement muet ;
– suggérer avec insistance à sa maîtresse de renvoyer Dorante ;
– dépeindre à Araminte, une fois qu'il la sent décidée à conserver son intendant, l'amour-désir muet que Dorante, fasciné par les regards d'Araminte, éprouve pour elle (« Il ne veut que vous voir, vous considérer, regarder vos yeux,

vos grâces, votre belle taille ») : il ne faut pas qu'Araminte puisse s'expliquer l'attirance de Dorante par une autre raison que ses charmes ;
– amener Araminte à une sorte de complicité avec lui : il gardera un « profond secret » sur cet amour.

### La peinture de Dubois en « parfait amant »

Tel qu'il est présenté par un metteur en scène enchanteur, Dorante incarne l'idéal de l'amant foudroyé par la passion. Dubois le fait apparaître aussi fou que le héros d'une des premières œuvres romanesques de Marivaux, *Pharsamon ou les Folies romanesques* (« C'est à la tête que le mal le tient... Il est timbré... renversé ». Il est en pleine « démence ». Il a « l'air égaré ». Il finira « incurable »). Le thème de la **folie d'amour** constitue l'un des lieux communs du roman précieux. On voit que *L'Astrée* et les idylles pastorales ont fourni les traits caractéristiques de Dorante en « parfait amant ».

Dorante relève aussi du « parfait amant » par le **respect** et le **silence**. S'il se meurt d'amour, c'est sans dire un mot (« Il a un respect, une adoration, une humilité pour vous, qui n'est pas concevable [...] Il ne veut que vous voir [...] Il donnerait sa vie pour avoir le plaisir de vous contempler ») et il considère l'objet adoré comme **inaccessible** : « Est-ce que vous croyez qu'il songe à être aimé ? Nullement. » Le recours à de nombreuses hyperboles* contribue à présenter l'**image d'un adorateur** offerte à Araminte : « Il n'y a point de plus brave homme sur la terre », « Il n'a peut-être pas son pareil [...] dans l'univers ». Maître de l'illusion, Dubois arrange la réalité et l'utilise conformément au but qu'il s'est fixé, séduire Araminte.

### L'évolution des sentiments d'Araminte

Face à l'insistance de Dubois et à la perfection de sa mise en scène du coup de foudre de Dorante, Araminte fait preuve d'une grande faculté d'adaptation en acceptant **inconsciemment** de suivre le valet sans rien soupçonner de son stratagème. La situation n'a rien d'invraisemblable, parce que Dubois est un virtuose de la maïeutique et qu'il semble, d'autre part, que cette déclaration d'amour par personne interposée arrive à point pour guérir un certaine mélancolie de la jeune femme.

La révélation partielle de la vérité (Dorante « extravague » d'amour, mais on ne sait pas pour qui) suscite chez Araminte une **réaction de bouderie** (« On a bien affaire d'un esprit renversé ; et peut-être encore, je gage, pour quelque objet qui n'en vaut pas la peine ») et de déception dépitée envers le sexe masculin, déception où pointe peut-être le souvenir désabusé d'un premier mariage malheureux (« car les hommes ont des fantaisies ! [...] »), ce qui la conduit à décider le renvoi de son intendant. Mais la révélation complète la frappe de **stupeur**.

Bouleversée, elle s'efforce de donner le change à Dubois en feignant de s'apitoyer sur le sort de son ancien maître. Mais le valet relance le jeu en faisant naître la jalousie de sa maîtresse, puis en racontant le coup de foudre de Dorante à l'Opéra. **Le romanesque d'Araminte s'en trouve aussitôt libéré** : « Quelle aventure ! », jubile-t-elle secrètement. Ses questions pressantes, sa proposition de guérir elle-même Dorante, sa décision de ne pas le renvoyer sont autant d'aveux : Araminte a beau se jouer la comédie, elle est **ravie** de cet amour durable et soumis. La gradation dans ses exclamations le prouve et sa joie intérieure progresse en même temps que la certitude qu'elle acquiert d'être aimée au fur et à mesure des précisions fournies par Dubois, jusqu'au sous-entendu heureux et prometteur de la dernière réplique : « En es-tu bien sûr ? »

Si Araminte ne met pas en doute la « confidence » de Dubois, c'est parce que Dubois est passé progressivement du portrait idéalisé de Dorante au portrait d'Araminte, en ménageant une subtile gradation (« vos yeux, vos grâces, votre belle taille ») qui offre à l'héroïne une **image séduisante d'elle-même**. Spectatrice malgré elle, elle se voit, parée de tous ses atours, descendre l'escalier de l'Opéra ou se promener aux Tuileries en éclipsant de sa beauté les autres élégantes. Ses rares interrogations traduisent son intérêt et son émotion devant ces **images flatteuses**. Dubois agit comme la princesse Léonide qui, dans *Le Triomphe de l'amour*, prend au piège de leur amour-propre le philosophe Hermocrate et sa sœur Léontine.

Manipulateur talentueux, il force Araminte à écouter avec plaisir une « confidence » dont elle avoue elle-même, dès la scène suivante, qu'elle « se serait bien passée ».

### L'esthétique du « rien »

« Ce n'est rien, sinon [...] ». De ce « **rien** » vont surgir toute la mise en scène de l'adoration de Dorante et une « fausse confidence » décisive pour la progression de l'action. Ce « rien » joue donc un **rôle fondateur** dans la mise en place de l'intrigue. « Vous vous étonnez qu'un rien puisse produire un si grand effet », écrivait Marivaux dans *Pharsamon*. On découvre là une des clés de ce théâtre attentif à des **nuances infimes** dont l'influence décide pourtant du comportement des hommes. Le « **sinon** », qui corrige légèrement le propos de Dubois, révèle la manière dont procède Marivaux : son analyse découle de **retouches successives** qui permettent d'approcher progressivement de la réalité. Quand Dubois révèle soudain à Araminte qu'elle est l'objet de l'amour secret de Dorante, la jeune femme reconnaît un détail auquel elle n'avait attaché aucune signification : « Il y a bien en effet quelque petite chose qui m'a paru extraordinaire. » Dans l'**alliance de mots audacieuse** entre le vague (« chose ») et le ténu (« quelque petite ») d'une part, et le fondamental (« extraordinaire ») d'autre part réside un des aspects les plus significatifs et les plus forts du style de Marivaux. Et c'est naturellement Dubois, représentant le dramaturge, qui rend perceptible le poids de ce « rien » dans la révélation des secrets du cœur.

### Les pouvoirs du dialogue

Le monologue de Dubois est encadré par deux dialogues. Le premier atteint son acmé quand Dubois révèle l'identité de la personne aimée par Dorante : « C'est vous, Madame. » Tout un ensemble de **répétitions lexicales** le structure, avec deux occurrences* du nom *intendant*, trois occurrences du verbe *connaître*, deux occurrences de la formule *honnête homme* et deux occurrences de l'interrogation *Quelle preuve ?* « Loin de n'être qu'une pure redondance empreinte de monotonie, souligne Agnès Carbonnel, **le système des répétitions est ici facteur de dynamisme** ».

En reprenant sur un ton exclamatif les paroles d'Araminte, Dubois pique sa curiosité : « Mais que signifient tes exclamations ? Explique-toi. » C'est elle qui va se mettre à lui poser des questions et assurer la progression du dialogue. Menant le jeu, Dubois insère bientôt les répétitions à l'intérieur de ses répliques qui deviennent plus longues et vont pouvoir étourdir Araminte sous un flot de paroles et de détails. Répétitions et reprises s'enchaînent et prennent Araminte au **piège de ce réseau serré de mots**. Elle ne peut que reprendre en écho un terme utilisé précédemment et en déplacer la signification : « Est-ce que je la connais, cette personne ? » Cette question constitue un aveu, auquel va répondre un autre aveu : « C'est vous, Madame ».

### Une scène enracinée dans la vie quotidienne

Nous sommes au théâtre. Mais Marivaux vient de publier *Le Paysan parvenu* et il rédige *La Vie de Marianne*, deux romans qui, comme *Les Fausses Confidences*, ont pour cadre Paris. La scène 14 de l'acte I porte témoignage sur la société, la vie quotidienne et les habitudes de l'époque :
– **une société où l'argent est tout-puissant** : Dorante est « bien élevé et de bonne famille ; mais il n'est pas riche ». C'est l'incompatibilité de leur fortune qui le conduit à rester passif et muet dans la contemplation de la jeune veuve d'un riche financier, même si la licence de la Régence a permis un brassage social inconnu jusqu'alors ;
– **les distractions mondaines** : l'Opéra où il est élégant de se rendre le vendredi, la comédie, la promenade à la mode aux Tuileries, les visites, les séjours à la campagne ;
– **la vie des domestiques** : facilement complices entre eux contre leurs maîtres dès lors qu'on offre une bouteille (« Je me fis un ami d'un de vos gens qui n'y est plus, un garçon fort exact qui m'instruisait »), jurant volontiers, les valets sont exposés aux rigueurs des saisons, voire aux mauvais traitements et parfois aux brutalités de leur maître ;
– **la proximité** pourtant **entre certains valets et leur maître** : Dubois n'est-il pas profondément attaché à Dorante pour qui il se dépense inlassablement ?
– le moyen de transport dans Paris, le **fiacre**, si peu confortable l'hiver.

## ACTE I, SCÈNE 15
## (Dorante, Araminte)

### RÉSUMÉ

Un moment seule, Araminte avoue son trouble. Le retour de Dorante, qui reprend tout naturellement la conversation entamée sur le procès avec le comte Dorimont, empêche Araminte de retrouver ses esprits. Elle cède progressivement du terrain à Dorante et s'avoue qu'elle ne se sent pas « le courage de l'affliger ».

### COMMENTAIRE

**Le garde-fou d'Araminte**

Un moment distraite, car elle n'est pas parfaitement remise de sa surprise (« La vérité est que voici une confidence dont je me serais bien passée moi-même »), Araminte va maintenant se dédoubler : d'un côté, elle reste extérieure à la confidence de Dubois et à l'amour de Dorante ; de l'autre, elle est désormais attachée à l'image maintenant désirée du jeune homme. Il ne lui reste plus qu'à feindre et à tenter de limiter son intimité avec Dorante aux affaires que doit traiter l'intendant.

En parlant de son procès et de ses droits, **elle dresse un garde-fou** pour se protéger de son amour naissant et elle peut « renforcer les défenses raisonnables face à l'envahissement de la passion » (Jean-Luc Jaunet). Ainsi s'explique la succession de ses intentions souvent contradictoires : engager l'intendant proposé par le Comte ; ne pas l'engager, mais le recevoir ; éviter le procès en épousant le Comte ; plaider l'affaire. **Le trouble d'Araminte va pourtant s'amplifiant** car, derrière le dévouement affiché par Dorante, elle discerne un attachement de plus en plus profond. Elle va jusqu'à reconnaître qu'elle n'a « pas encore » (la formule est involontairement comique) de penchant pour Dorimont, avoue (à part) sa défaite, mais la masque en donnant à Dorante la mission d'étudier le dossier de son éventuel procès contre le Comte.

## ACTE I, SCÈNE 16
## (Dorante, Dubois)

## SCÈNE 17
## (Dubois, Marton)

RÉSUMÉ

Dorante et Dubois commentent la façon dont la situation évolue. Tous deux sont satisfaits. Dubois annonce son intention de semer le doute dans l'esprit de Marton (sc. 16). Il confie à la suivante que Dorante fait les yeux doux à sa maîtresse. Marton n'en croit rien et se moque de lui (sc. 17).

COMMENTAIRE

### De la fausse à la vraie confidence

On apprend ici que Dubois avait tenu Dorante au courant de sa fausse confidence. Dorante est charmé du résultat (« Elle espère vous guérir par l'habitude de la voir. – Sincèrement ? ») et Dubois fait preuve de son optimisme habituel et entraînant, mêlé d'un cynisme cavalier à l'encontre d'Araminte (« Elle n'en réchappera point ; c'est autant de pris »). L'étourdissant valet passe à l'exécution de la **seconde partie de son stratagème**. Il s'agit cette fois d'une **vraie confidence**, faite à Marton : Dorante est tombé amoureux d'Araminte. Mais il ne rencontre qu'incrédulité et raillerie, tellement Marton est sûre de son pouvoir sur Dorante. Le dernier mot de l'acte revient à Dubois, qui prend le public à témoin sur le ton d'un général préparant une bataille : « Allons faire jouer toutes nos batteries ».

# ACTE II

## Commentaire général

L'intrigue principale (Dorante tente de se faire aimer d'Araminte) **progresse** tout au long de l'acte II, sous l'effet des **accélérations** que lui imprime Dubois. **La contre-intrigue** (Madame Argante essaie de marier sa fille au comte Dorimont) **n'évolue pas**, dans la mesure où Dorimont se rend antipathique à la jeune veuve, poussée à affirmer de plus en plus son indépendance en réaction au caractère autoritaire de sa mère. En revanche **l'intrigue secondaire se développe**, car Marton, qui fournit involontairement à sa maîtresse la première preuve de l'amour de Dorante, possède désormais des intérêts communs avec Madame Argante et le Comte.

On relève dans cet acte, comme dans le précédent, **trois séquences** :

– Marton est évincée : Monsieur Remy envisage un nouveau mariage pour son neveu ;

– Dubois lance l'affaire du portrait qui culmine avec l'ouverture de la boîte et que relance l'affaire du second portrait ;

– Marton surprend Dorante aux genoux d'Araminte et Dubois fait appel à l'énergie de Dorante.

Le **schéma narratif** est le suivant : Dorante entreprend de se faire aimer d'Araminte, tandis que Dubois ne cesse de tourmenter la sérénité apparente de sa maîtresse en la mettant en présence des manifestations de la passion que lui porte son intendant (le refus du beau parti présenté par Monsieur Remy, la découverte successive des deux portraits, une fausse confidence sur le désespoir de Dorante, la révélation que l'intendant est l'auteur du premier portrait, le conseil de mise à l'épreuve de Dorante, l'aveu enfin par Dorante de son amour secret). Araminte se demande si elle doit ou non se laisser aimer par Dorante.

## ACTE II, SCÈNE 1
## (Araminte, Dorante)

**RÉSUMÉ**

Suivant les consignes qu'il avait reçues, Dorante vient rendre compte à sa maîtresse de ses recherches au sujet du procès et de ses conclusions : Araminte peut plaider en tout sécurité, car son dossier est excellent. Il n'est donc plus nécessaire pour elle d'épouser le Comte. Mais Araminte tergiverse : elle ne veut pas affliger Dorimont, elle ne veut pas laisser partir Dorante. Celui-ci lui propose d'éloigner Dubois. Elle s'y refuse.

**COMMENTAIRE**

### Toujours le procès

Recourant à un procédé utilisé par le théâtre classique pour insérer la conversation dans le réel, Marivaux nous introduit en **pleine discussion** entre Dorante et Araminte (« Non, Madame, vous ne risquez rien »). Cette discussion poursuit le débat entamé dans la scène 15 de l'acte premier (faut-il ou non plaider ?), auquel Araminte avait provisoirement mis fin en allant chercher les documents susceptibles de prouver son bon droit. Loin de créer une quelconque monotonie, la permanence de ce thème renforce l'intérêt du spectateur, car la préparation du procès **justifie** la présence de Dorante auprès d'Araminte, malgré la révélation de son amour. Araminte ne l'a-t-elle pas fait observer à Dubois (« Je suis dans des circonstances où je ne saurais me passer d'un intendant », I, 14) ? De plus, le procès est lié au principal obstacle rencontré par Dorante, le mariage projeté avec le Comte.

Un certain laps de temps a dû s'écouler entre les deux actes, puisque Dorante a pu étudier l'affaire très sérieusement et consulter plusieurs juristes. Tous les avis vont dans le même sens : Araminte peut « plaider en toute sûreté ». Le jeune homme joue ainsi à merveille son rôle d'intendant dynamique et scrupuleux, montrant **un dévouement qui attendrit Araminte**.

**Les contradictions intérieures d'Araminte**

Araminte s'est reprise, mais ses intentions à l'égard de Dorante ne sont toujours pas très claires, ni aux yeux du spectateur, ni à ses propres yeux. Elle continue à **hésiter**, la perspective d'épouser Dorimont ne l'enchantant guère, mais, **malicieusement cruelle** envers Dorante, elle lui confie sa crainte d'affliger le Comte en ne l'épousant pas. Revenant sur une réflexion de Dorante (« Votre situation est si tranquille et si douce », I, 16), qui soulignait l'indépendance assurée par le statut de veuve, Araminte la reprend et la commente de façon **ironique** : « Vous me disiez tantôt que mon état était doux et tranquille. N'aimeriez-vous pas mieux que j'y restasse ? N'êtes-vous pas prévenu contre le mariage ? »

Mais quand Dorante montre sa tristesse à l'idée de quitter se place d'intendant, Araminte **faiblit** et parle à nouveau de plaider, avec une **ambiguïté** qui traduit les **pulsions contraires** qui la guident. Quand elle refuse ironiquement d'envoyer Dubois comme concierge d'une terre éloignée, elle permet à Dorante, sans en être consciente, de dédouaner son ancien valet en écartant tout soupçon de complicité entre les deux hommes. Mais, désormais, chacun des deux personnages en scène cache quelque chose à l'autre et détermine son attitude en fonction de ce qu'il dissimule.

## ACTE II, SCÈNE 2
## (Araminte, Dorante, Monsieur Remy)

**RÉSUMÉ**

Monsieur Remy vient apprendre à Dorante qu'une jeune veuve de trente-cinq ans, nantie de 15 000 livres de rente, lui a fait savoir, en recourant à un intermédiaire, qu'elle veut épouser Dorante et exige une réponse immédiate. Dorante refuse obstinément cette proposition, car il « aime ailleurs ». Monsieur Remy s'en prend alors vivement à son neveu et, croyant qu'il aime Marton, sollicite Araminte au nom de la raison : peut-elle l'aider à fléchir Dorante ? Araminte refuse et, à part, montre combien elle est touchée par la passion de Dorante.

## Un coup de théâtre

La nouvelle apparition de Monsieur Remy permet à Araminte d'engager une conversation où elle retrouve son aisance mondaine, mais entraîne rapidement un **coup de théâtre en deux temps** : le procureur annonce **d'abord** qu'il n'est pas venu pour remercier Araminte, mais pour lui reprendre Dorante. Cette situation nouvelle fait rebondir la situation, comme le montre la très sèche réplique d'Araminte : « Mais, Monsieur Remy, ceci est un peu vif ; vous prenez assez mal votre temps et j'ai renvoyé l'autre personne ». **Second moment** : la révélation qu'une dame jeune et jolie veut épouser sans délai Dorante, ce qui déclenche un véritable **jeu de la vérité** : que vont répondre Dorante et Araminte, mis au pied du mur ? Une fois de plus **Dubois** est **à l'origine** de l'affaire, à l'insu naturellement de Monsieur Remy, dont la bonne foi est entière. Il a préparé son coup de théâtre au cours de la « fausse confidence » faite à Araminte (I, 15), quand il suscitait la jalousie de sa maîtresse à propos d'une « grande brune très piquante » qui, disait-il, poursuivait Dorante de ses assiduités.

## La jalousie d'Araminte

Araminte commence par éconduire Monsieur Remy d'un ton contrarié et catégorique qui lui est inhabituel. Puis sa **jalousie spontanée** lui faisant même oublier un instant sa bienveillante politesse, elle refuse de répondre à la question de Monsieur Remy, le renvoyant vivement à Dorante, désigné de façon mordante par le seul pronom « lui ». **Le refus opiniâtre opposé par Dorante** à ce mariage inattendu **la touche** et, malgré la position délicate où elle se trouve, Araminte prend la défense de son intendant avec une conviction de plus en plus profonde (« Ne le querellez point [...] Dans sa façon de penser je l'excuse »), qui n'exclut pas une pointe d'ironie permettant à Dorante, et à lui seul, de discerner qu'il s'agit d'une véritable déclaration : « Voyez pourtant, Dorante, tâchez de vaincre votre penchant, si vous le pouvez ; je sais bien que cela est difficile ». **De plus en plus embarrassée** par l'insistance de Monsieur Remy, Araminte choisit une nouvelle fois la fuite pour ne pas laisser paraître le trouble de son cœur. Elle ne peut plus désormais se satisfaire du culte tranquille que lui voue Dorante.

### Un nouveau Dorante

Les projets matrimoniaux de Monsieur Remy font émerger un nouveau Dorante, parfaitement désintéressé et qui revendique la liberté d'aimer dans le mariage. Que la proposition de la dame de trente-cinq ans soit présentée par un procureur authentifie la situation. La réponse négative – et catégorique – de Dorante en acquiert d'autant plus de poids. **Elle prouve** que le jeune homme refuse toute considération de fortune et **qu'il aime d'un amour profondément fidèle**. Enfin, la discrétion du jeune homme respecte l'**honneur** de la personne aimée puisque, malgré les objurgations de son oncle, il ne la nomme pas.

### Monsieur Remy : comique de caractère et comique de situation

Monsieur Remy est à l'origine de tous les aspects du comique dans la scène. Ce procureur fait rire d'abord par une **identification permanente et inconsciente** à sa manière d'agir professionnelle, ce qui l'amène à aller toujours brutalement droit au but, même en face d'une interlocutrice d'une exquise civilité et dont il est le fidèle client : « Tant mieux, car je viens vous demander celui-ci pour une affaire d'importance ». Sa **brusquerie** est bien plus marquée envers Dorante qui, après tout, est un neveu qu'il affectionne et dont il croit sincèrement pouvoir faire le bonheur : « Vous ne savez ce que vous dites. Il faut pourtant sortir ».

Traitant l'éventuel mariage de Dorante comme un bon placement financier, il raisonne en montant de rente et souligne les garanties exigées de la candidate au mariage, garanties obligatoires à ses yeux d'homme d'affaires. Mais il ne pense qu'aux garanties financières, tant il lui semble normal que la dame anonyme veuille acheter la jeunesse et la beauté de Dorante. Son **impatience** est telle – il ne faut pas manquer une telle occasion – qu'il cherche à accélérer l'opération (« sans délai [...] tout de suite ») et emploie un présent à valeur de futur pour souligner l'urgence : « Dans deux heures il faut être au logis». On rit aussi de son style juridique, accumulant les propositions subordonnées relatives, dans une bousculade entraînant parfois une confusion sur l'antécédent.

Mais le comique de la scène naît aussi du fait que **Monsieur Remy**, obnubilé par son souci de faire réaliser une bonne affaire à son neveu, **ne comprend rien à la situation**. Il est convaincu que Dorante a accepté (I, 3 et 4) l'« emplette » qu'il lui proposait en le fiançant d'office avec Marton et pense que l'intendant, tombé amoureux de la suivante, parle d'elle quand il justifie fermement son refus (« J'ai le cœur pris, j'aime ailleurs »). D'où ses railleries sur ce « cœur pris », d'où la référence méprisante à un héros de pastorale, le « berger fidèle » de Guarini, d'autant plus significative que la pastorale dramatique, en Italie comme en France, apparaît comme la représentation d'un conflit entre la nature et la loi. D'où l'insulte prononcée contre la partenaire de ce berger extravagant, qualifiée d'autant plus volontiers de « guenon ». Le comique vient de ce que les spectateurs pensent à Araminte, alors que Monsieur Remy vise insolemment Marton.

## ACTE II, SCÈNE 3
## (Dorante, Monsieur Remy, Marton)

**RÉSUMÉ**

Monsieur Remy poursuit Dorante de ses sarcasmes et renouvelle son offre de mariage devant Marton. La suivante croit que Dorante refuse à cause d'elle la riche union qu'on lui propose et le soutient avec conviction. Écœuré par son « idiot » de neveu, Monsieur Remy le déshérite.

**COMMENTAIRE**

### Une reprise parodique

Les **effets comiques** se multiplient dans cette scène. Marton fait rire le spectateur et l'éclaire sur sa vraie nature en **tombant précipitamment dans le piège**... que ne lui tend pas Monsieur Remy : son acquiescement spontané (« Votre question est bien aisée à décider. Ce quelqu'un rêve ») montre que, pour elle, l'intérêt l'emporte nécessairement sur l'amour. Poursuivant sur sa lancée, Monsieur Remy provoque un **quiproquo*** en tentant gauchement d'amener Marton à soutenir son projet. Ce véritable appel à l'aide – le procureur a perdu de sa superbe – échoue complètement, car Marton croit y découvrir une preuve éclatante de la passion de Dorante pour elle-même. Quant à Dorante, **on rit de sa gêne** que traduisent ses réponses équivoques : il est empêtré dans la double nécessité de ne pas nommer Araminte et de ne pas détromper Marton. Il saisit donc l'opportunité de l'arrivée du Comte pour se retirer prestement, après avoir subi la colère de son oncle qui, par un procédé courant chez les parents dans la comédie classique, le déshérite.

La scène 3 reprend de **façon parodique** le schéma de la scène précédente, à une différence près, qui traduit une « perspective dégradante » : Marton triomphe insolemment de son succès, alors qu'Araminte se devait de garder le secret sur ses sentiments. La scène laisse présager que l'action va rebondir. Comme l'observe Jean Rousset, « les scènes de valets sont des scènes d'anticipation. Elles donnent toujours à l'avance la courbe que suivront les héros, mais elles n'en donnent qu'un schéma très simplifié ».

## ACTE II
## SCÈNE 4 (le Comte, Marton)
## SCÈNE 5 (le Comte, Arlequin, Marton)
## SCÈNE 6 (le Comte, le Garçon, Marton, Arlequin)
## SCÈNE 7 (Marton, le Garçon)
## SCÈNE 8 (Marton, Dorante)

### RÉSUMÉ

Le Comte entre en scène, très contrarié : il avait retenu pour Araminte un intendant ; or il vient d'apprendre de Madame Argante, fort mécontente elle aussi de la tournure prise par l'affaire, que la jeune veuve vient d'engager un autre intendant. Marton le rassure et entreprend le panégyrique de Dorante. Le Comte demande à Marton de soudoyer ce nouvel intendant : contre argent, ne pourrait-il pas convaincre Araminte qu'elle perdra sûrement son procès ? Marton l'en dissuade, car Dorante est incorruptible, ce qui le fait juger incapable par le Comte (sc. 4). Arlequin annonce l'arrivée d'un garçon de courses. Marton le fait entrer (sc. 5). C'est un garçon joaillier : il explique un peu confusément qu'il est venu de la part de son père pour remettre en mains propres le portrait à un « certain monsieur » qui a fait fabriquer une boîte pour le renfermer. Il ne connaît son client que de vue, mais sait qu'on peut le trouver chez un procureur qui s'appelle Monsieur Remy. Soupçonnant qu'il s'agit d'un portrait d'Araminte, le Comte quitte immédiatement la scène pour aller interroger la jeune veuve (sc. 6). Marton n'a pas de doute : c'est de son propre portrait qu'il s'agit. Dorante l'a sûrement commandé pour lui en faire présent (sc. 7). Ravie, elle remercie Dorante, qui s'en va tout joyeux : Marton a été trompée par ce nouveau stratagème de Dubois (sc. 8).

## COMMENTAIRE

### L'entrée en scène du Comte

Les premiers mots de Marton (« Vous voilà donc revenu, Monsieur ? ») permettent d'expliquer l'entrée en scène si tardive du Comte : il n'est pas passé chez Araminte de la matinée. Sa courte absence **a sûrement modifié** le cours des choses. Son retour va lui faire progressivement découvrir qu'il n'est plus le maître du jeu et rendre intenable la position d'Araminte. Durant la scène 4, le Comte ne s'inquiète guère : le nouvel intendant lui paraît méprisable : n'a-t-il pas le défaut d'être honnête ? Quant à Araminte, elle a toujours été hésitante (« lente à se déterminer ») et suffisamment indifférente à tout ce qui n'est pas son procès pour accepter de l'épouser. Lui-même, convaincu que l'argent est plus fort que tous les sentiments, se contente de n'être pas haï d'Araminte et se trouve prêt à tous les accommodements. Ce grand seigneur donne de lui une **première impression antipathique**. C'est une justification supplémentaire des fourberies de Dubois : il ne faut pas laisser Araminte gâcher son existence avec un homme aussi **médiocre** et **intéressé**.

### Une brève détente : Arlequin et le Garçon

Serviteur zélé, Arlequin annonce l'arrivée du Garçon, au début de la courte scène 5, en des termes qui frisent le **ridicule** (« Voilà un homme qui en demande un autre »), mais dont la justesse apparaîtra dans la scène suivante. Comiquement, il inverse les rôles, interroge Marton, qui n'a pas encore vu le visiteur, sur son identité, puis, devant l'impatience de la suivante, répète sa demande avec une parfaite logique et une grande balourdise de langage. Dans le genre comique, le garçon joaillier **prend le relais** d'Arlequin. Il ne sait pas à qui il apporte la boîte contenant un portrait, embrouille à plaisir les circonstances et les personnes, jusqu'à ce que le Comte découvre le sésame de sa recherche. Après avoir traîné en longueur, les choses se précipitent : le Comte, pris de soupçons, court demander des comptes à Araminte et Marton se prépare à jouir de ce qu'elle croit être son triomphe.

### La méprise de Marton

Si les spectateurs, et sans doute le Comte, ont deviné que le portrait est celui d'Araminte, Marton se persuade que la boîte contient le sien. Affirmant le faux pour savoir le vrai, elle réussit à faire dire au garçon que le portrait est pour Dorante, puis affirme qu'elle y est représentée. La référence à Monsieur Remy a favorisé la méprise chez une jeune fille qui ne demandait qu'à être convaincue et à se voir peinte en dame. Son **enthousiasme romanesque** explique sa **méprise** et sa **hâte imprudente** à remercier Dorante. Le mécanisme diabolique mis en place par Dubois se referme sur elle, à la fois parce que Dubois a joué sur son caractère **naïf**, **immodeste** et **impulsif** à la fois, et parce que les événements se sont enchaînés de manière à créer une surprise et à favoriser son **rêve**. Comme elle est la complice du Comte contre une maîtresse qui a fait d'elle une confidente et qu'elle se joue de l'honnêteté du garçon en prétendant faussement être dans la confidence, on ne plaint guère Marton des cruelles déceptions qui l'attendent et qu'annonce (à part) Dorante amusé : « Tout a réussi, elle prend le change à merveille. »

## ACTE II, SCÈNE 9
## (Araminte, le Comte, Madame Argante, Marton)

RÉSUMÉ

Araminte est venue se renseigner sur le portrait qu'on soupçonne d'être le sien. Marton se donne beaucoup de peine pour la rassurer, puis pour soutenir qu'il ne représente pas Araminte. Devant l'insistance de sa maîtresse, relayée par Madame Argante et par le Comte, Marton affirme qu'il s'agit de son portrait à elle puis, pressée de questions, soutient que c'est Dorante qui a assumé la dépense du portrait et de sa boîte en orfèvrerie. Araminte brusque Marton et l'accuse de mentir. On ouvre la boîte et on y découvre le portrait d'Araminte. Marton explique les raisons de sa méprise et Araminte s'empare du portrait que, contre toute vraisemblance, elle accuse le Comte d'avoir fait réaliser.

COMMENTAIRE

### Araminte mène l'enquête

Sa fierté, blessée par les soupçons du Comte, contraint Araminte à mener elle-même l'enquête sur ce portrait qui commence à jouer un rôle essentiel. L'affaire est ténébreuse, et Araminte le souligne dans une phrase où les nombreux indéfinis renvoient à des personnes inconnues, mais différentes : « Qu'est-ce [...] qu'un portrait [...] qu'on vient d'apporter ici à quelqu'un qu'on ne nomme pas et qu'on soupçonne d'être le mien ? » Le ton est d'emblée **impérieux**, presque excédé : l'interrogatoire de Marton commence par une question qui montre l'impatience d'Araminte et que suit un impératif. Les réponses dilatoires de la demoiselle de compagnie conduisent le Comte à se comporter avec goujaterie. Il montre qu'il se croit déjà le maître chez Araminte et révèle une vanité jalouse que traduit une courte proposition (« et ce n'est pas moi ») introduite par une conjonction soulignant la frustration du personnage. Araminte, réagissant « ***vivement*** » – note une didascalie – car elle juge les réflexions du Comte injurieuses, reprend la direction des opérations, rappelle son prétendant à plus de civilité et somme Marton de répondre enfin.

L'**aveu de Marton** – dont un cri du cœur traduit les aspirations sociales : « On en peint tous les jours, et de plus huppées, qui ne me valent pas » – stupéfie l'assistance : le Comte refuse de croire qu'il s'agit du portrait de la suivante. Madame Argante, toujours prête à approuver son futur gendre, l'appuie et Araminte pose le problème sur la plan de la **logique** : « Qui est-ce qui a fait cette dépense-là pour vous ? » Aux abois, Marton révèle qu'il s'agit de Dorante. Toujours avec la même **rigueur**, Araminte en souligne l'impossibilité matérielle : « Vous nous trompez ; depuis qu'il est ici, a-t-il eu le temps de vous faire peindre ? » Et quand Marton, qui a toujours cru à la fausse confidence de Monsieur Remy (I, 4), explique qu'elle connaît Dorante depuis longtemps, Araminte, définitivement convaincue que sa demoiselle de compagnie avance une fausse raison et cédant sans doute aussi à l'envie de se contempler, se décide à ouvrir elle-même la boîte sur laquelle tous les regards sont fixés : son portrait lui apparaît, en même temps qu'aux autres personnages de la scène.

### Méprise, masque et sincérité

Sans laisser longtemps s'extérioriser la satisfaction relative du Comte, Araminte garde le **masque du sang-froid** et reprend l'interrogatoire de Marton en déplaçant habilement le problème : « Par quel hasard avez-vous cru que c'était vous ? » Il ne reste à Marton qu'à confesser, avec franchise cette fois, sa part de vérité : elle a été prise dans un **engrenage de dits et de non-dits**, qui l'ont amenée à se croire aimée de Dorante, puis dans une succession de faits qui l'ont convaincue que le portrait lui était offert par Dorante. Elle reconnaît sa totale méprise, victime qu'elle a été du divorce entre l'être et le paraître. Imperturbable et sans croire le moindre mot de l'explication qu'elle propose à l'assistance, Araminte affirme que c'est évidemment le Comte à qui l'on apportait le portrait. Elle balaie toute objection et, bravant la bienséance, décide de garder pour elle le tableau. Un bruit de dispute dans la coulisse la préserve de toute réaction.

## ACTE II, SCÈNE 10 (Araminte, le Comte, Madame Argante, Marton, Dubois, Arlequin)

RÉSUMÉ

Arlequin et Dubois surgissent. Ils sont en train de s'invectiver pour un « mot » et reprennent leur querelle (simulée du côté de Dubois) à propos d'un portrait d'Araminte laissé dans la chambre qu'occupe maintenant le nouvel intendant. Dubois l'a décroché du mur par respect des convenances, à la grande fureur d'Arlequin. Son maître passait son temps à le contempler avec un plaisir qui ravit Arlequin, mais rend Madame Argante soupçonneuse : elle estime qu'on doit ôter ce portrait dont ce n'est point la place. Araminte s'efforce de minimiser l'incident.

COMMENTAIRE

### Le « magot » et le « butor »

Les insultes que Dubois échange avec Arlequin détendent le ton de la comédie par leur **trivialité**. Mais que Dubois, toujours si parfaitement maître de lui-même, soit partie prenante dans ces invectives bruyantes prouve que la querelle est un **nouveau stratagème** de l'ingénieux valet. Dubois menace d'abord : il prend le **risque calculé** de parler d'un « mot » qui suffirait à faire chasser Dorante, d'autant que ses principaux ennemis, le Comte et Madame Argante, assistent à l'algarade et pressent Arlequin de parler. Le « mot », qu'on ne connaît pas, mais dont chacun pressent l'importance, circule en écho comme un motif musical, alliant le comique au dramatique, et soulignant le poids du verbe. La **menace**, que seule Araminte peut comprendre tant qu'elle reste sous-entendue, concerne l'amour de Dorante pour Araminte et ne peut que troubler la jeune veuve. Elle prouve ostensiblement l'absence de toute collusion entre Dubois et Dorante. Mais le risque est soigneusement contrôlé, car, après avoir tenu en haleine toute la compagnie – et fait rire les spectateurs aux dépens d'Arlequin –, Dubois évite de révéler le « mot ». Il explique sa menace par un moment de « pure colère » et se lance dans un récit apparemment innocent, mais qu'il fait continuer de façon sulfureuse par Arlequin en invectivant le fidèle valet de Dorante, traité de « butor ». Arlequin fonce naïvement aussitôt et débite à sa façon... la leçon que Dubois lui a apprise à son insu.

**Les fantasmes de Dorante**

Le second incident est manifestement plus efficace. Il apporte aux adversaires de Dorante la première preuve de l'amour que l'intendant porte à Araminte. Le tableau qu'Arlequin, « badaud sympathique » (Michel Gilot), voit Dorante considérer « avec toute la satisfaction possible » et contempler « de tout son cœur », représente le **fantasme amoureux** qu'il savoure complaisamment. Tout comme le portrait livré dans une boîte en marqueterie, ce second tableau reproduit à volonté l'image aimée. On comprend donc la jalousie du Comte et la réaction d'Araminte, volant au secours de « cet intendant si hardi pour regarder un tableau ». Comme le tableau du duc de Nemours que la princesse de Clèves contemple la nuit, le portrait d'Araminte permet à Dorante une **possession muette et symbolique**, lui permettant de voir sans être vu.

**Le rebondissement de l'action**

La scène entraîne un rebondissement de l'action, qui aurait pu en rester là avec la fin de la scène 9 : l'amour-propre d'Araminte lui permettait de bien contrôler ses émotions sans que, d'autre part, ses sentiments fussent assez forts pour « parler » comme le souhaitait Dubois en prophétisant dès le début de la pièce (I, 2) le triomphe de l'amour : « Quand l'amour parle, il est le maître, et il parlera. » Si Araminte s'est sortie d'une situation difficile, Madame Argante et le Comte trouvent, avec la révélation de l'attrait exercé sur Dorante par ce nouveau portrait, un **précieux aliment pour nourrir leurs soupçons**, et ils vont le faire clairement savoir. D'autant plus qu'ils ne croient sûrement pas au « hasard » qui, d'après Araminte, aurait placé ce tableau dans la chambre de Dorante.

## ACTE II, SCÈNE 11
## (Araminte, le Comte, Madame Argante, Marton)

RÉSUMÉ

Madame Argante, le Comte et même Marton se coalisent pour presser Araminte de renvoyer son intendant. Elle s'y refuse pour l'instant, car elle apprécie cet homme « qui [la] sert bien ». Elle consent pourtant à interroger Dubois, dont le fameux « mot » et les menaces semblent prouver qu'il sait beaucoup de choses sur Dorante.

COMMENTAIRE

### Tous contre Dorante

Marivaux précise les raisons qui poussent tous les personnages à **se liguer contre Dorante** : le Comte jalouse l'intérêt qu'Araminte porte à Dorante et craint que l'influence qu'il peut exercer sur la jeune veuve ne la pousse à plaider. Marton a vu s'enfuir le mariage qui l'aurait fait sortir d'une situation sociale un peu humiliante pour une jeune fille de la bourgeoisie. Madame Argante soupçonne depuis longtemps Dorante de ne pas être ce qu'il prétend être et lui reproche de n'avoir pas tenu le moindre compte de ses demandes (I, 10).

### L'ambiguïté du regard

Dorante est pris dans un faisceau de regards pénétrants, qui, derrière son apparence, s'efforcent de deviner qui il est. **Chacun prétend à la vérité de sa vision**. L'ambiguïté du regard tient à ce que l'apparence physique fait l'objet d'interprétations contradictoires : trop séduisant pour être intendant, il plaît ou il inquiète. Qui est-il ? Un inconnu ? mais Monsieur Remy en répond. Un homme de rien ? mais Araminte affirme péremptoirement que c'« est un homme de quelque chose ». Alors que Dorante suscite une **circulation des regards** qui le transforme en objet, l'enjeu de la scène est de savoir si Araminte, forte de sa « pénétration », doit ou non le garder auprès d'elle.

### La joute entre Araminte et le Comte

Comme il est impensable pour Araminte de conserver Dorante auprès d'elle par amour, il lui paraît possible de le garder, tout en sacrifiant aux convenances sociales, pour ses compétences professionnelles. C'est la raison pour laquelle elle célèbre le dévouement et l'honnêteté de son intendant : « Je ne vois pas le sujet de me défaire d'un homme [...] qui me sert bien. » Cet éloge justifie à ses yeux le maintien de Dorante auprès d'elle et Araminte ironise sur le caractère intéressé de la manœuvre conjointe du Comte et de sa mère. Mais ce sont de piètres remparts : le Comte a compris la défense d'Araminte et découvre **deux parades**. Se montrant au beau joueur, il renonce à tout procès contre elle (ce qui annule le principal argument d'Araminte), puis il la met en demeure d'exécuter son engagement antérieur à l'arrivée de Dorante : prendre comme intendant le candidat qu'il avait présenté précédemment.

## ACTE II, SCÈNE 12
## (Dubois, Araminte)

**RÉSUMÉ**

Dubois, avec qui Araminte s'entretient aussitôt, se fait d'abord sermonner pour ses propos maladroits et intempestifs. Pourquoi a-t-il donc parlé de ce malheureux tableau ? Pourquoi s'être écrié : « Si je disais un mot ». Dubois se déclare contrit et proteste de son dévouement absolu. Pour satisfaire le souhait de Madame Argante et du Comte, Araminte lui demande ce qu'il peut lui apprendre d'étonnant sur Dorante La réponse de Dubois fuse aussitôt : diverses relations de Dorante ne le jugent pas à la hauteur de l'emploi d'intendant chez Araminte. Mais la jeune veuve ne veut surtout pas le renvoyer. Elle s'inquiète des prétentions de Marton sur Dorante, apprend que les illusions de sa suivante proviennent d'un récit mensonger de Monsieur Remy et de la crainte éprouvée par Dorante de s'en faire une ennemie auprès d'Araminte. Dorante vient de tout raconter à Dubois dans le jardin et a sombré dans le plus profond des désespoirs quand son ancien valet lui a conseillé de quitter sa place. De plus en plus troublée, Araminte s'étonne que Dorante n'ait jamais laissé échapper devant elle quelque aveu de sa passion. Dubois lui confirme alors que Dorante est bien le propriétaire de la boîte contenant un portrait d'Araminte et qu'il est même l'auteur de ce portrait. Elle décide de tendre un piège à Dorante pour l'amener à se déclarer.

## COMMENTAIRE

### Un combat d'escrime

Cette scène présente un véritable combat d'escrime entre Araminte et Dubois :

– le premier assaut est mené par Araminte qui gourmande sévèrement son valet, le rend responsable de tout ce qui vient de se passer, et même de l'énigme obsédante que constitue pour elle l'amour de Dorante (« Sans toi je ne saurais pas que cet homme m'aime et je n'aurais que faire d'y regarder de si près »). Dubois esquive habilement les coups ;

– la contre-attaque de Dubois est fulgurante : dénigrons Dorante… (et on le renverra). Araminte plie et se défend désespérément ;

– la nouvelle botte de Dubois : la peinture des gémissements et des pleurs de Dorante ;

– la feinte de Dubois : il paraît rompre (et s'en aller) pour amener Araminte à se découvrir ;

– la pointe victorieuse qui contraint Araminte à céder : c'est Dorante qui a peint le portrait.

### La maïeutique du valet

Le jeu de Dubois consiste à **troubler de plus en plus** Araminte, pour la contraindre à sortir du bonheur paisible dont elle se contenterait volontiers : conserver Dorante auprès d'elle sans chercher à élucider leurs sentiments mutuels. Pour contraindre sa maîtresse à reconnaître son amour, Dubois commence par reconnaître que Dorante est bien en adoration, comme l'a raconté Arlequin, devant le tableau de sa maîtresse. Il réussit parfaitement, puisque, observe Michel Gilot, Araminte ne peut « s'empêcher d'avouer le besoin qu'elle a de préserver, en le refoulant, l'amour que Dorante lui porte ». Dubois explique ensuite comment Monsieur Remy a fait une fausse confidence à Marton, puis l'a fiancée à Dorante contre le gré de ce dernier qui n'a rien osé dire pour ne pas se faire d'emblée une ennemie de la confidente d'Araminte.

Une fois Araminte rassurée sur ce point, il recommence à **tourmenter** la sensibilité de la jeune femme par une **nouvelle fausse confidence**, le tableau effrayant du désespoir où Dorante est plongé quand on lui conseille de partir (« Il a voulu se jeter presque à mes genoux[...] Je lui ai dit[...] qu'il fallait qu'il sortît : ce qui l'a jeté dans des gémissements, dans des pleurs, dans le plus triste état du monde »). Il révèle enfin que c'est Dorante qui a peint lui-même le portrait d'Araminte que la jeune femme a précieusement conservé. Ce **dévoilement** de toutes les facettes de l'amour muet que lui porte Dorante, dissipe les dernières illusions d'Araminte. Les propos diaboliques de son valet l'obligent désormais à voir ce qu'elle voulait fuir et à prendre ses responsabilités : elle se découvre même un alibi pour satisfaire son envie de connaître l'amour de Dorante exprimé par sa bouche. Sous l'effet de la **maïeutique** de Dubois, de ses **habiles insinuations**, de son **aptitude à proposer une solution pour obtenir le contraire** (« Il se déclarera peut-être, et tout de suite je lui dirais : Sortez »), elle commence à penser que sa situation n'est peut-être pas insoluble et qu'il existe une voie, très étroite sans doute, vers le bonheur. Mais elle ne l'avoue pas à Dubois.

### La mauvaise foi d'Araminte

La scène n'est pas seulement déterminante pour l'évolution des sentiments d'Araminte, qui, sans le dire, commence à goûter aux charmes des récits amoureux brossés de main de maître par Dubois. Elle voit poindre aussi chez l'héroïne une nouvelle façon d'agir : Araminte entre avec maîtrise dans l'**art de la dissimulation** : elle ruse avec elle-même, elle ment à Dubois quand elle est prise au piège de l'amour (« Ce n'est plus le besoin que j'ai de lui qui me retient, c'est moi que je ménage », en évitant les éclats auxquels son désespoir pourrait porter Dorante) et elle triche éperdument avec Madame Argante et avec le Comte. « Pour garder auprès de soi l'intendant amoureux qu'elle aime ou va aimer sans se l'avouer, constate Jean Rousset, elle ne cesse de donner de bonnes raisons qui sont autant de petits mensonges, mais mensonges de bonne foi, où se glisse pourtant une pointe de mauvaise foi. » C'est pourquoi elle est enchantée de tendre à son tour « un piège » à Dorante : s'il se déclare, prétend-elle, elle le renverra.

## ACTE II, SCÈNE 13
## (Dorante, Araminte, Dubois)

RÉSUMÉ

Dubois aurait bien voulu prévenir Dorante du piège que prépare Araminte. Mais il ne peut le faire, car sa maîtresse ne le quitte pas des yeux. Araminte commence par rassurer Dorante, qui s'inquiète des ennemis qui l'entourent, et lui promet de le garder auprès d'elle, puis elle lui annonce soudain qu'elle est décidée à épouser le Comte. Dorante se trouble. Araminte lui dicte alors une lettre pour le Comte où elle lui confirme ses intentions matrimoniales. Dorante chancelle sous le choc des phrases successives, mais s'exécute sans mot dire, malgré les efforts d'Araminte pour l'amener à se déclarer. Tout au plus avoue-t-il qu'il ne se sent pas bien. Araminte, impitoyable en apparence, l'envoie chercher Dubois pour qu'il porte la lettre à son destinataire.

COMMENTAIRE

### La « fausse confidence » d'Araminte

Les circonstances favorisent Araminte. Dorante vient lui dire qu'il a tout quitté pour la servir comme intendant et lui demande de le conserver auprès d'elle : sa fidélité et son désintéressement sont tout acquis à sa maîtresse. Araminte, qui mène désormais le jeu, peut lui tendre son piège. Elle rassure Dorante sur la pérennité de son emploi, lui montre qu'il existe entre eux une complicité de menus secrets, puis, après lui avoir ainsi offert des illusions encourageantes, les lui enlève brutalement en le forçant à **écrire un billet** qui tient de la **fausse confidence** : elle est « déterminée à épouser le Comte ». Ce « piège » répond au but qu'elle a annoncé à Dubois : faire avouer son amour par Dorante. Araminte le fonde sur la jalousie que ne peut manquer d'éprouver Dorante et l'assaisonne d'une **ironie de plus en plus cruelle** dans les commentaires dont elle accompagne sa décision et la dictée de sa lettre. La tactique de la jeune femme n'est pas exempte de **sadisme** : elle soumet Dorante à une torture d'intensité croissante à mesure qu'elle constate, en souffrant elle aussi de plus en plus intensément, que la résistance de Dorante, malgré le bouleversement complet du jeune homme, ne faiblit pas. Les mots qu'elle prononce, des mots de maîtresse en face d'un serviteur soumis, lui permettent à la fois de masquer et de dévoiler ses sentiments. **Le piège se referme pourtant sur elle**, car son émotion l'étreint et elle avoue, à part, qu'elle a échoué, puisqu'elle n'a pas réussi à contraindre Dorante à se livrer. Dans ce moment de tension tragique, le risque que l'héroïne encourt en jouant son destin l'innocente : l'épreuve machinée n'est pas moins cruelle qu'une épreuve suscitée par le hasard.

### Le désarroi de Dorante

Entré en scène en adoptant son jeu habituel de l'intendant tremblant et craintif, persécuté par ses méchants ennemis et réconforté par sa bonne maîtresse, qui constitue son seul appui et à qui il est prêt à tout sacrifier pour mieux la servir, Dorante n'est absolument pas prêt à supporter le choc de la fausse confidence que lui assène Araminte. **Ce n'est pas un amant héroïque, mais un être désemparé** qui réagit seulement par deux brefs sursauts interrogatifs traduisant son émotion et où affleure une allusion très ténue à son amour (« Déterminée, Madame ?... Quelle différence pour moi, Madame ? »). Les termes de la lettre que lui dicte Araminte constituent pour lui autant de coups de poignard : perdu dans ses réflexions, il donne l'impression d'être ailleurs, obéissant maladroitement et machinalement. Il s'accroche un instant à son rôle d'intendant (« Je vous ai assuré que vous le gagneriez, Madame ») avant de **s'effondrer** en transcrivant la formule finale d'Araminte sur le « mérite » du Comte : « Je ne me trouve pas bien, Madame ». La volonté d'espérer encore, contre toute évidence, le conduit pourtant, malgré son désarroi, à soupçonner le piège et à se demander s'il n'est pas **victime d'une épreuve** que lui imposerait Araminte.

### Le rôle du dialogue

Cette scène illustre le **pouvoir suggestif du dialogue** chez Marivaux : Dorante, abasourdi d'apprendre, au fil de la lettre que lui dicte Araminte, que la jeune femme a décidé d'épouser le Comte, perd pied, répondant avec des automatismes et même un certain décalage aux paroles de son interlocutrice. **Le dialogue**, c'est-à-dire la succession des répliques et leur enchaînement, **constitue le matériau dramatique essentiel de l'action**, car il est conçu comme « un élément autonome, aux lois distinctes des lois psychologiques ordinaires, principe de progression, de trouble ou de retard » (Frédéric Deloffre).

## ACTE II, SCÈNE 14
## (Araminte, Dorante, Marton)

**RÉSUMÉ**

Marton se présente pour mettre en demeure les deux protagonistes de consentir à son mariage avec Dorante.

**COMMENTAIRE**

### L'ultimatum de Marton

Plaisamment symétrique du « piège » tendu par Araminte à la scène précédente, l'intervention de Marton fait diversion dans un moment de forte tension, puis suscite le rire.

Malgré les révélations de la scène 9, qui rendaient pitoyable sa profonde déception d'apprendre que Dorante n'avait jamais éprouvé pour elle le moindre sentiment amoureux, Marton revient à la charge et, mue par une **impulsion soudaine et inattendue**, exige un mariage qu'elle juge fort avantageux financièrement. Sa dépendance de « domestique » l'amène à revendiquer non seulement l'accord de son futur époux, mais aussi la permission de sa maîtresse. Puis elle sort, laissant face à face et dans l'embarras les deux protagonistes. On apprendra en III, 1 que Dubois était l'instigateur de cette **démarche désespérée**, sinon de la malignité de la suivante à l'égard de sa maîtresse.

## ACTE II, SCÈNE 15
## (Dorante, Araminte)

### RÉSUMÉ

De nouveau seule avec Dorante, Araminte se moque de son « très bon choix » et l'oblige à s'expliquer sur cette ridicule aventure. Dorante s'excuse habilement sur la nécessité où il se trouvait d'être accepté chez Araminte. Celle-ci l'interroge sur son amour secret. Dorante en trace une description particulièrement touchante et joue au soupirant soumis. Il avoue avoir peint lui-même un portrait d'Araminte. Quand la jeune femme, flattée, lui montre qu'elle est en possession de ce tableau, il tombe à ses genoux. Marton les surprend, au grand émoi d'Araminte.

### COMMENTAIRE

**La maîtrise d'Araminte**

Malgré son trouble, **Araminte conserve toute sa présence d'esprit** – à l'image des héroïnes de Marivaux, qui gardent leur sang-froid quand leur cœur bat la chamade. Elle veut forcer Dorante à avouer son amour, sans avouer elle-même. C'est pourquoi elle commence par feindre de féliciter Dorante de son bonheur avec une **civilité ironique** (« Je suis charmée [...] Vous avez fait un très bon choix ; c'est une fille aimable et d'un excellent caractère ») et, devant les dénégations de Dorante, soutient que l'amour est bien plus intense quand la vue se substitue à la parole. Marivaux annonce ainsi les analyses de Proust sur la nécessité d'un certain éloignement pour faire naître et faire durer l'amour. Poursuivant par une critique de l'irresponsabilité alléguée par Dorante, Araminte **s'amuse** à lui faire la morale : « Vous avez tort : il fallait désabuser Marton », ce dont Dorante profite habilement pour dire une nouvelle fois qu'il est amoureux. Faisant semblant d'ignorer pourquoi Dorante est entré à son service, **simulant l'étonnement** et une incompréhension candide, Araminte entame alors un **minutieux interrogatoire** sur cet amour secret, non sans encourager la timidité de Dorante : « On essaie de se faire aimer, ce me semble : cela est naturel et pardonnable ».

### Un héros précieux

À son tour, Dorante se refuse à avouer. S'il laisse entrevoir ses sentiments, c'est pour flatter la fierté d'Araminte, toujours enchantée de se voir préférée à d'autres. Après un aveu pudique grâce à un euphémisme (« Je trouve plus de douceur à être chez vous, Madame »), il insiste sur sa douleur devant un amour impossible, afin d'obtenir la compassion d'Araminte. Ses réponses successives le font apparaître comme le **héros d'un roman précieux et galant**, franchissant les étapes de la conquête du Tendre : « Je la verrais à tout instant, que je croirais ne pas la voir assez [...] Je l'adore [...] Je ne saurais parler d'elle qu'avec transport [...] Mon respect me condamne au silence et je mourrai, du moins, sans avoir eu le malheur de lui déplaire [...] Jamais elle ne me parle ou ne me regarde que mon amour n'en augmente ».

Le sentiment amoureux de Dorante est exprimé avec une intensité et sous une forme qui répondent exactement à la situation et au caractère d'Araminte : **sa préciosité postule la noblesse**, non pas celle de la naissance, celle du Comte, mais celle **du cœur**, **de l'esprit et des manières**. Elle fait de Dorante un idéal de détachement des biens matériels et surtout **elle met en valeur Araminte** : la jeune veuve n'est pas une proie à saisir et elle est ravie de se voir célébrée comme une divinité qu'on honore. On comprend que des confidences aussi directes la poussent à presser Dorante de se déclarer : en l'amenant à se poser des questions sur l'efficacité de son attitude (« Que prétendez-vous avec cet amour pour une personne qui ne saura jamais que vous l'aimez ? Cela est bien bizarre. Que prétendez-vous ? »), elle lui présente le bonheur comme étant à sa portée et joue sur le désir qu'il éprouve à son égard.

### Le portrait

Tout à son entreprise de séduction, Araminte invite Dorante au **jeu du miroir** (« Miroir, dis-moi quelle est la plus belle ! ») en lui demandant de lui montrer le portrait de cette femme capable d'inspirer une telle adoration et qu'il a peint lui-même (« Je me serais privé de son portrait si je n'avais pu l'avoir que par le secours d'un autre »), cette femme enfermée au fond d'une boîte richement ouvragée et dont l'image symbolise le corps féminin. Grâce à la complicité de Dubois, complice à la fois de l'un et de l'autre, mais à l'insu l'un de l'autre, **l'ouverture de la boîte viole l'intériorité de Dorante et découvre Araminte**. C'en est trop, cette fois, pour Dorante : le portrait est la **métaphore de l'aveu** et il peut maintenant tomber aux genoux de sa maîtresse, enracinant son bonheur dans un douloureux regret (« Comment pourrai-je expier ?... ») auquel Araminte répond par la « pitié » et le « pardon ». Comme l'observe Jacques Schérer, « le portrait provoque l'aveu de Dorante qui, devant l'évidence, ne peut plus dissimuler l'objet de son amour. Cette scène a révélé un secret non de Dorante, mais d'Araminte : elle savait qu'il l'aimait, mais feignait de l'ignorer ; désormais il sait qu'elle sait qu'il l'aime, et il ne leur est plus possible de ruser ». Mais Araminte attend davantage : elle veut la **capitulation** de Dorante, c'est-à-dire un **aveu direct**.

### Encore Marton

L'entrée en scène de Marton – qui surprend Dorante dans sa posture d'amoureux faisant sa déclaration et qui suscite une très **violente réaction** d'Araminte contre... Dorante – peut s'expliquer naturellement : jalouse, la jeune suivante surveille de près Dorante. Mais on apprendra au début de l'acte III que Dubois, « voyant le train que prenait la conversation, [a] fait venir Marton une seconde fois ». *Deus ex machina*, le sémillant valet, rôdant dans les parages, a pensé qu'un **nouvel incident** était nécessaire pour amener Araminte à déclarer à son tour ses sentiments : il suscite l'intervention de Marton. La venue de sa suivante a réveillé l'amour-propre d'Araminte et suscite une modification complète de ses réactions. Furieuse d'avoir été vue avec son intendant à ses genoux, elle passe du « Je ne me fâcherai point » au « Vous m'êtes insupportable ». Toute la psychologie de l'héroïne est là : **l'obstacle à l'amour se trouve à l'intérieur d'elle-même**. Marivaux « a mis en évidence, constate Lanson, ce qui entre d'amour-propre, de besoin de domination, de pique et, après tout, aussi de jeunesse et de nature dans l'amour ; il a montré comment l'amour-propre encore, et de plus la méfiance, la timidité, le préjugé social, un certain instinct de liberté, font obstacle à l'inclination naissante ».

## ACTE II, SCÈNE 16
## (Araminte, Dubois)
## SCÈNE 17
## (Dubois, Dorante)

**RÉSUMÉ**

Araminte s'irrite contre Dubois, venu voir si Dorante s'est déclaré. Elle lui cache la vérité et l'éconduit. Mais il ne s'en désole nullement (sc. 16) et regrette seulement de ne pouvoir rassurer Dorante, de plus en plus inquiet sur son sort (sc. 17).

**COMMENTAIRE**

### « Voici l'affaire dans sa crise »

La fausse confidence d'Araminte (« Non, il ne m'a rien dit. Je n'ai rien vu d'approchant à ce que tu m'as conté ») montre qu'elle a découvert en elle un **sentiment nouveau** qu'elle refusait d'admettre. Par ailleurs, l'angoisse de Dorante, son appel à Dubois font que le mot « **crise** », qui prend au XVIII^e^ siècle la signification de « moment périlleux et décisif » (Littré), résume parfaitement la situation à la fin de l'acte II.

# ACTE III

## Commentaire général

Tandis que l'**intrigue principale** évolue sous la pression des stratagèmes de Dubois, la **contre-intrigue** devient symbolique, car Madame Argante défend le Comte de manière si caricaturale et critique Dorante de façon si agressive qu'elle perd toute influence sur Araminte. L'**intrigue secondaire** se poursuit grâce aux initiatives de Marton, mais l'action de cette dernière, constamment contrôlée par Dubois, n'aboutit qu'à renforcer l'amour qu'elle s'efforce de ruiner (elle contraint Dorante à déclarer son amour pour Araminte, elle dévoile publiquement l'amour de Dorante, elle précipite l'évolution des sentiments de sa maîtresse).

Cet acte, comme les deux précédents, comporte **trois séquences** :

– Marton intercepte la fausse lettre confiée à Arlequin.

– Bravant sa mère et le Comte, Araminte renvoie l'intendant qu'ils avaient fait venir pour remplacer Dorante.

– Après avoir chassé Dubois dans un élan de colère, Araminte s'apaise dans l'amitié retrouvée avec Marton. Au cours d'un tête-à-tête décisif avec Dorante, elle laisse échapper l'aveu de son amour.

Le **schéma narratif** de l'acte est le suivant : Dorante se rapproche progressivement de son but : se faire aimer d'Araminte. Toujours aussi actif pour servir l'amour de son ancien maître, Dubois passe à la troisième phase de son plan (la réalisation d'une fausse lettre de Dorante, l'interception concertée de cette lettre, l'affirmation à Araminte de l'urgente nécessité de renvoyer Dorante). Araminte se demande de plus en plus anxieusement si elle doit ou non céder à l'amour. Finalement, l'amour et Dubois triomphent.

## ACTE III, SCÈNE 1
## (Dorante, Dubois)

RÉSUMÉ

Nouveau stratagème de Dubois : il a écrit un faux message qu'Arlequin est chargé de porter à un ami de Dorante. Mais il a prévu que Marton intercepterait ce message. Dorante est de plus en plus inquiet et doute des sentiments d'Araminte. Dubois le rassure et pronostique l'imminence de la victoire.

COMMENTAIRE

### L'auteur de la lettre

Le rideau se lève sur une conversation animée, Dubois répliquant vivement (« Non, vous dis-je ; ne perdons point de temps. La lettre est-elle prête ? ») à Dorante qui manifestement cherche à tiédir son ardeur. L'objet de la discussion est une lettre que Dorante a écrite et dont il a tracé la suscription (une rue du Marais, loin du quartier des financiers où réside Araminte). Qui l'a rédigée ? Qui l'a imaginée ? Exprime-t-elle les sentiments de Dorante ? Le spectateur n'en sait encore rien.

Dubois, toujours en avance sur son ancien maître, n'en est plus à ce genre de détails. Il prépare son **nouveau stratagème** : confier la lettre à Arlequin qui, interrogeant Marton sur la localisation du destinataire, ne manquera pas de se faire enjôler et duper par la suivante toujours aux aguets et maintenant aux abois. De son côté, il va prévenir Marton. Elle sera forcément portée à surprendre la correspondance de Dorante : n'a-t-elle pas à se venger ? Il ne restera plus à la lettre, objet symbolique, qu'à faire **avancer l'action**.

### « Il faut l'achever »

Les **scrupules de Dorante** continuent de le troubler et de le faire hésiter : il redoute la dernière étape de la machination tramée par Dubois qui, cette fois, veut contraindre Araminte à consentir publiquement à l'amour de son intendant. Sûr de son succès, Dubois reprend cyniquement le champ lexical* de la guerre pour préciser comment il faut exploiter le point faible de l'adversaire : « Point de quartier : il faut l'achever pendant qu'elle est étourdie. » Dubois se rend compte que sa maîtresse « ne sait plus ce qu'elle fait », qu'« il faut qu'**elle aime en dépit d'elle** » et que ce genre d'amour est plus **impérieux** que tout autre. Bon psychologue, le valet est convaincu qu'Araminte ne se rendra pas sans combattre, mais il sent intuitivement que **le moment va être décisif**. Sa bonne humeur le conduit même à ironiser sur le sort de sa maîtresse (« Vous vous emparez de son bien, de son cœur ; et cette femme ne criera pas ! »), d'autant plus volontiers qu'il découvre l'occasion de la fausse confidence qu'Araminte lui a faite peu de temps auparavant (II, 16).

## ACTE III, SCÈNE 2
## (Dubois, Marton)

**RÉSUMÉ**

Marton rappelle à Dubois avec simplicité et tristesse qu'il l'avait prévenue du vif intérêt amoureux porté par Dorante à Araminte, puis elle lui demande de l'aider à faire mettre à la porte l'intendant. Dubois en profite pour exciter la jalousie et la rancœur de la suivante : Araminte est tellement bien disposée à l'égard de Dorante qu'elle n'écoute plus Dubois. L'artificieux valet n'a aucune peine à convaincre Marton de s'emparer de la lettre qu'Arlequin doit emporter rue du Figuier.

**COMMENTAIRE**

### Un nouveau stratagème

Tout au long de la scène, Dubois **associe la vérité et le mensonge** pour faire jouer à Marton le rôle qu'il a combiné. Son habileté est telle que c'est Marton qui croit avoir besoin de lui. Il entre dans le jeu de la suivante en se déclarant choqué par les regards que Dorante jetait sur Araminte (« Cette œillade ne valait rien ; il y avait quelque chose dedans qui n'était pas dans l'ordre ») et dont il avait prévenu à l'époque Marton (I, 17) sans tirer d'elle autre chose qu'une raillerie incrédule. Le rappel de cet avis, qui pourtant n'était en rien désintéressé, suffit à convaincre Marton qu'elle peut demander à Dubois, au nom des ennemis de l'intendant coalisés, davantage d'informations sur Dorante. Croyant toujours que tout s'achète, elle promet même une forte récompense. Dubois la berce de bonnes paroles et va jusqu'à lui affirmer qu'il se risque souvent à mettre en garde sa maîtresse contre sa passion. De telles **fausses confidences** ne peuvent qu'inciter Marton à **entrer dans le jeu de Dubois** et lui faire accepter de s'emparer de la lettre confiée à Arlequin.

## ACTE III, SCÈNE 3
## (Dubois, Marton, Arlequin)

RÉSUMÉ

Arlequin injurie Dubois, puis, tout en protestant de sa fidélité envers Dorante, laisse Marton s'emparer de la lettre

COMMENTAIRE

### L'art de tromper Arlequin

Dubois commence par **stimuler** la rancune d'Arlequin à son égard en répondant vivement à son quolibet initial. Arlequin fonce dans le panneau, injurie Dorante et confie son problème à Marton dans un discours cérémonieux et diffus qu'il entrecoupe d'insultes visant Dubois (« Cet animal-là ne mérite pas que je lui parle sinon pour l'injurier »). Marton le **flatte** en tançant Dubois qui peut quitter la scène, assuré de la réussite de son plan. Arlequin accueille avec un **enthousiasme comique** l'offre de la suivante – envoyer quelqu'un d'autre porter la missive –, car il est illettré, un peu perdu dans Paris et un rien paresseux. Le soulagement du personnage fait d'autant plus rire qu'il s'accompagne de remerciements précieux et emphatiques adressés à Marton et d'une protestation de totale fidélité à Dorante – au moment même où il vient justement de donner un bien mauvais exemple de fidélité à son maître.

Ses assurances péremptoires sont rendues encore plus comiques par son bref retour sur scène : « Si vous le rencontrez, ne lui dites point qu'un autre galope à ma place. » Toujours est-il que, dupée par Dubois, Marton, après avoir trompé Arlequin, est en possession de la lettre.

## ACTE III, SCÈNE 4
## (Madame Argante, le Comte, Marton)

### RÉSUMÉ

Les trois coalisés (Madame Argante, le Comte, Marton) sont réunis, mais Marton, qui veut lire la lettre avant de l'utiliser, se tait. Madame Argante a pris la direction des opérations : convaincue que Dubois les trompe, elle a convoqué Monsieur Remy, car elle compte sur lui pour les débarrasser de Dorante. Sinon elle révélera à sa fille que Dorante l'aime et Araminte sera bien obligée de chasser son intendant. Enfin, elle a fait venir l'intendant proposé par le Comte et il vient d'arriver. Peu convaincue par ce plan de bataille, Marton révèle qu'elle a peut-être en mains le moyen de faire congédier Dorante.

### COMMENTAIRE

**Madame Argante à la tête des conspirateurs**

Toujours portée, non sans raison, à soupçonner l'entourage d'Araminte, Madame Argante se méfie maintenant de Dubois. Mais elle s'avère incapable d'aller au-delà de son intuition et se consacre à son plan de bataille contre Dorante. Le **comique du personnage** vient de ce que sa vanité lui fait considérer comme réalisées ses fortes intentions dès lors qu'elle les a exprimées, sans être consciente que **la situation évolue sans cesse à son insu**. D'où la cocasse alliance du futur et du passé composé : « Ma fille saura qu'il ose l'aimer ; je l'ai résolu ». La convocation d'un autre intendant va dans le même sens : Madame Argante n'a décidément rien compris aux sentiments de sa fille, ni surtout à leur évolution rapide. Enfin Madame Argante **joue contre elle-même** : sa détermination à mettre sa fille au pied du mur répond exactement à la troisième étape du plan de Dubois : forcer Araminte à se déclarer en public.

## ACTE III, SCÈNE 5
## (Monsieur Remy, Madame Argante, le Comte, Marton)

RÉSUMÉ

Dès son entrée en scène, Monsieur Remy se heurte à l'impolitesse de Marton, puis aux questions revêches de Madame Argante, qui lui intime l'ordre de « retirer » son neveu. Il s'ensuit une grande altercation entre la mère d'Araminte et Monsieur Remy qui conteste à Madame Argante tout droit de s'occuper de l'intendant de sa fille. Le soutien du Comte à Madame Argante n'arrête en rien Monsieur Remy qui défend avec une véhémence indignée son honneur de procureur.

COMMENTAIRE

### Une vive altercation

Au début du second acte (sc. 2 et 3), Monsieur Remy s'emportait contre son neveu qui préférait rester chez Araminte et, croyait-il, épouser Marton, alors qu'on lui proposait un mariage avec une jeune dame nantie de quinze mille livres de rente. Cette fois, l'impétueux procureur, venu dans les meilleures dispositions, **s'irrite** d'apprendre que Madame Argante veut évincer Dorante. Elle demande à Monsieur Remy de remmener Dorante, de façon si maladroite qu'elle suscite aussitôt de sa part un **refus catégorique**. L'insistance indélicate de Madame Argante choque le procureur et lui fait hausser le ton : sous l'emprise de la **colère**, il renvoie son interlocutrice à ce qui la regarde et lui rappelle que Dorante n'est pas son intendant, mais celui de sa fille. Quand le Comte croit devoir intervenir et morigéner le procureur, celui-ci le cingle de son **insolence glaciale** (« Vous savez bien que je n'ai pas l'honneur de vous connaître »). Madame Argante revient à la charge à coup d'**insultes**, qualifiant Dorante d'« impertinent » et son oncle de « petit praticien » auquel elle prétend imposer silence. Monsieur Remy en suffoque d'**indignation** : « M'imposer silence ! À moi, procureur ! Savez-vous qu'il y a cinquante ans que je parle, Madame Argante ? » Son adversaire sent qu'elle n'aura pas le dernier mot devant cet homme aussi à l'aise dans sa profession que dans l'existence et elle avoue implicitement son échec en faisant appel à l'aide du Comte.

### Premier échec des conjurés

L'arrivée d'Araminte met fin à l'altercation. Les conjurés ont essuyé un cuisant échec, mais le refus obstiné de Monsieur Remy et sa référence constante à la seule Araminte placent la jeune veuve dans une **situation très difficile** : c'est à elle seule de décider du destin de Dorante et en même temps du sien.

## ACTE III, SCÈNE 6
## (Araminte, Madame Argante, Monsieur Remy, le Comte)

**RÉSUMÉ**

La querelle reprend, car Monsieur Remy fait appel à Araminte pour défendre Dorante contre les accusations qu'on vient de porter contre lui. Un peu gênée, Araminte répond qu'elle est décidée à le garder et s'étonne qu'on lui ait fait venir un autre homme d'affaires. Madame Argante somme sa fille de se débarrasser de Dorante, mais se heurte à un refus très sec, tandis que Monsieur Remy répond vertement à ses insinuations. Elle accuse alors l'intendant d'être amoureux de sa maîtresse. Araminte ironise sur cette plaisante découverte et retourne contre sa mère les griefs qu'elle accumule contre Dorante.

**COMMENTAIRE**

### Nouvel échec des conjurés

En transportant la querelle devant Araminte, chargée de trancher entre Madame Argante et lui, Monsieur Remy va au-devant des vœux de Dubois. Araminte, maintenant que

Dorante lui a déclaré son amour, est beaucoup moins à l'aise que lors du précédent assaut (II, 12) des coalisés contre elle. Moins souriante, elle garde son **sang-froid**, donne des réponses de caractère purement professionnel, maintient (« *froidement* », note la didascalie) son intention de garder son intendant, contre-attaque ironiquement à propos de l'homme d'affaires que l'on a amené pour elle, laisse enfin le Comte s'abriter derrière sa mère et Monsieur Remy rompre des lances avec cette dernière. Quand Madame Argante revient à son idée fixe et, usant d'un langage précieux pour se moquer de Dorante, affirme qu'Araminte est « l'objet secret de sa tendresse », Araminte reprend la formule en riant, badine non sans verdeur avec Monsieur Remy – ce qui entraîne un nouvel affrontement verbal entre l'homme de loi et Madame Argante – et conclut qu'elle ne changera rien à ses décisions.

**L'habile mauvaise foi d'Araminte**

La défense d'Araminte comporte une part d'habile mauvaise foi : elle **feint** d'ignorer l'intérêt que lui porte Dorante, alors que l'aveu de celui-ci (II, 15) a levé tous ses doutes en la matière. Elle **affecte** elle-même une totale indifférence à l'égard de son intendant, à la fois pour **donner le change** aux autres et pour **se masquer** à elle-même la vérité. Faisant semblant de ne pas attacher d'importance aux antiennes redondantes et martelées de sa mère – pourtant très gênantes, puisqu'elles apportent le premier témoignage public de l'amour d'Araminte pour son intendant (« Quand je vous dis qu'il vous aime, j'entends qu'il est amoureux de vous, en bon français ; qu'il est ce qu'on appelle amoureux ; qu'il soupire pour vous ») –, elle **soutient paradoxalement** que tous ses « gens » ont pour elle des sentiments analogues à ceux de Dorante. Enfin, Araminte **ignore volontairement** l'essentiel de la répartie acide lancée en anaphore* par Madame Argante (« *Vos gens* ne se font pas peindre, *vos gens* ne se mettent point à contempler vos portraits, *vos gens* n'ont point l'air galant, la mine doucereuse ») et, **bravant les conjurés**, déclare **ironiquement** son goût pour « les gens de bonne mine », puis finit par conclure péremptoirement que, quoi qu'il en soit, Dorante, galant ou non, restera à son service.

## ACTE III, SCÈNE 7
## (Araminte, Madame Argante, Monsieur Remy, le Comte, Dorante)

RÉSUMÉ

Araminte confirme ses intentions à Dorante, venu connaître son « sort ». Bravant une nouvelle fois sa mère et le Comte, elle fait renvoyer l'intendant qu'ils avaient fait venir pour remplacer Dorante.

COMMENTAIRE

**Le triomphe de Dorante ?**

Tandis que Madame Argante s'étouffe d'indignation, que Monsieur Remy reprend l'éloge de son neveu, que Dorante met en cause Marton et que le Comte, croyant la partie perdue, garde le silence, **Araminte s'affirme définitivement envers et contre tous**, dans une réplique fière et digne d'une héroïne cornélienne (« Dans cette occasion-ci, c'est à moi-même que je dois cela »). Elle paraît clore cette journée de complots (« Que ceux qui l'ont amené sans me consulter le remmènent, et qu'il n'en soit plus parlé »), en affirmant péremptoirement son indépendance. Quant à Dorante, il se trouve **installé solidement** dans la place et la seule question qui se pose encore est de savoir quand il se déclarera.

## ACTE III, SCÈNE 8
## (Araminte, Madame Argante, Monsieur Remy, le Comte, Dorante, Marton)

RÉSUMÉ

Marton apporte la lettre de Dorante qu'elle a détournée et demande au Comte de la lire à haute voix. L'intendant y révèle son amour passionné pour Araminte, se désole que cet amour ne puisse être partagé et annonce sa décision de s'exiler au-delà des mers. Compromise publiquement, Araminte demande à Dorante de se retirer. Sur le point de sortir, Monsieur Remy rappelle le charme séduisant de son neveu. Araminte fait face malgré son désarroi et chasse Marton qui voulait de nouveau faire venir l'intendant présenté par le Comte. Outragés, le Comte et Madame Argante quittent la pièce.

**COMMENTAIRE**

### Un nouveau coup de théâtre

Marton déclenche un coup de théâtre qu'elle a retardé afin d'avoir le temps de lire la lettre subtilisée à Arlequin : l'arrivée inopinée de Monsieur Remy l'avait empêchée d'en faire état devant Madame Argante et le Comte (III, 4). Son ton triomphant et insolent (« Cela mérite d'être écouté ») montre qu'**elle tient sa vengeance** contre Dorante et, par surcroît de raffinement, c'est au rival de Dorante, le Comte, qu'elle demande de faire une lecture publique, après avoir bien insisté (« La lettre est de Monsieur, dis-je ») sur l'identité du destinateur.

Le **recours à une lettre** dont les révélations provoquent un coup de théâtre, est fréquent dans la comédie classique. Molière y recourt dans *Les Femmes savantes*, où la lettre de dénonciation écrite par Vadius confirme l'entêtement de Philaminte à donner sa fille à Trissotin, et dans *Le Misanthrope*, quand la lecture publique des billets qu'elle a envoyés à Acaste et à Clitandre confond Célimène. Mais il s'agit là de vraies lettres. Dans *Les Fausses Confidences*, au contraire, Dubois fabrique volontairement une **fausse lettre**, afin qu'elle constitue un moyen de pression contre celui dont elle veut défendre la cause. Le contenu de la lettre est ambigu : l'aveu de son amour par Dorante et de la trop grande distance qui le sépare d'Araminte est une **vraie confidence**, alors que l'aveu de son départ est une **fausse confidence**. Toujours est-il que ce contenu est accablant pour Dorante et déclenche un véritable esclandre.

### Le scandale

Tous les personnages de la pièce assistent à la lecture, sauf Arlequin et Dubois qui a dû rester caché dans les parages. Les termes de la lettre ont été pesés en fonction des sentiments précis et donc des réactions qu'ils doivent susciter chez les divers personnages. **Marivaux peut donc montrer comment chacun se conduit en l'occurrence**. On a vu que **Marton** triomphait, mais son ardent désir de se venger et son impulsivité juvénile lui font gâcher ce triomphe. En demandant trop vite à Araminte que l'on fasse « monter l'intendant que Monsieur le Comte a amené », elle s'attire une vive répartie d'Araminte qui la met à la porte : « Allez vous en ; vous prenez mal votre temps pour me faire des questions. » **Le Comte** a accepté de lire la lettre dérobée, et sur la demande d'une simple suivante. Il s'efforce de faire oublier ce comportement indigne d'un gentilhomme, que lui a dicté une jalousie blessée, en limitant sa réaction à un constat bref et distant (« L'éclaircissement m'en paraît complet »). Tout au plus se montre-t-il offensé quand Araminte refuse une nouvelle fois l'intendant qu'il a recommandé, et il tire argument de cette fin de non-recevoir pour se retirer dignement.

**Araminte**, bien loin de discerner dans cette affaire la patte de Dubois, se croit en présence d'une cabale tramée par les ennemis de Dorante. C'est pourquoi elle pense aussitôt à une lettre « contrefaite ». Quand Dorante reconnaît en être l'auteur, sa déception la conduit à le renvoyer sèchement : « Retirez-vous. » Monsieur Remy prend alors la défense de son neveu, rappellant sa probité et son pouvoir de séduction, et ajoute qu'il n'a plus rien à faire chez Araminte.

**Madame Argante**, toujours aussi autoritaire et obtuse, introduit le comique dans une scène pathétique. Elle interrompt constamment la lecture de la lettre pour étaler des commentaire insipides (« C'est-à-dire que le personnage sait peindre »), outragés (« Que j'adore ! Ah ! que j'adore ! »), plaisamment satisfaits (« Bon voyage au galant »). Son indélicatesse et sa sottise l'empêchent de discerner l'émotion de sa fille : celle-ci pense à tout autre chose qu'au choix d'un nouvel intendant au moment où elle apprend que Dorante part désespéré au bout du monde. La sortie théâtrale de Madame Argante n'est pas seulement un procédé scénique : comme le note Michel Poupelin, « **le vide progressif de la scène matérialise la solitude grandissante d'Araminte** », qui s'est compromise définitivement et dont l'impatience et la nervosité vont croissant. Le dramaturge la laisse seule pour qu'elle puisse trouver une solution à la situation critique où elle se trouve, pour qu'elle puisse aussi tout simplement prendre le temps de respirer.

## ACTE III, SCÈNE 9
## (Araminte, Dubois)

### RÉSUMÉ

Dès qu'Araminte est seule, Dubois surgit et se félicite bruyamment que sa maîtresse soit enfin débarrassée de Dorante. Quand il fait allusion à l'excellente idée qu'il a eue de préparer les conditions d'une lecture publique de la lettre, Araminte se fâche, le couvre de reproches et le congédie pour toujours.

### COMMENTAIRE

**La lourdeur volontaire de Dubois**

Toujours à portée de l'endroit où il se passe quelque chose, Dubois vient constater le résultat de son stratagème. Continuant à jouer le rôle qu'il tenait déjà en II, 12 (« Monsieur Dorante n'est pas digne de Madame »), il marque sa vive satisfaction que sa maîtresse soit enfin « délivrée » de Dorante. Cette nouvelle machination tend à attirer l'attention d'Araminte sur le départ de Dorante et son triste sort. Chacune de ses formules a pour but de **susciter une réaction contraire** à ce qu'il prétend obtenir. D'où son insistance sur l'accablement de Dorante présenté plus que jamais en amoureux transi et maintenant en adorateur désespéré : « Vous n'avez plus à craindre sa douleur [...] Je viens de le rencontrer, plus mort que vif [...] Vous auriez trop ri de le voir soupirer. Il m'a pourtant fait pitié. Je l'ai vu si défait, si pâle et si triste, que j'ai eu peur qu'il ne se trouve mal. »

Dubois sait qu'un tableau si sombre doit faire naître chez son interlocutrice une **pitié mêlée d'un sentiment maternel**. La réplique d'Araminte encourage Dubois à poursuivre sa stratégie. Il force sur le **même registre**, en rappelant à sa maîtresse que tout « est fini » et en lui conseillant de refuser de revoir Dorante avant son départ. Enfin, mettant le comble à des railleries destinées à émouvoir davantage Araminte, il avoue qu'il est l'auteur de la fausse lettre et le metteur en scène de sa lecture publique, n'effectuant ainsi qu'un aveu incomplet et mentant toujours sur ce qu'étaient ses intentions.

**Le demi-aveu d'Araminte**

La sincérité d'Araminte et son inquiétude pour Dorante éclatent dès sa première réplique, **haletante et angoissée**. Les exclamations et les interrogations se bousculent, traduisant la **volonté de protéger Dorante** et de le sauver : « Mais qu'on aille donc voir ! Quelqu'un l'a-t-il suivi ? Que ne le secouriez-vous, faut-il le tuer, cet homme ? » Son **ton de plus en plus sec**, sa **froideur** bientôt glaciale envers Dubois, puis sa **colère** (« Méchant valet ! ne vous présentez plus jamais devant moi ») constituent autant de **demi-aveux**. La tendresse de ses sentiments envers Dorante se dévoile dans une longue tirade où s'entremêlent de sévères reproches à l'égard de Dubois et des témoignages de profonde sympathie à l'égard de Dorante : « Je le trouve bien malheureux d'avoir eu affaire à vous, lui qui a été votre maître, qui vous affectionnait, qui vous a bien traité, qui vient, tout récemment encore, de vous prier à genoux de lui garder le secret. Vous l'assassinez, vous me trahissez moi-même. » Elle y ajoute une **brève confession** où le conditionnel empêche de savoir si l'emportent les regrets ou une discrète satisfaction : « C'est un amour que je n'aurais jamais su. » Toujours est-il que **Dubois est parvenu à ses fins : Araminte est maintenant obsédée par l'image de Dorante**.

La déclaration de haine d'Araminte pour Dubois quand elle le démasque (« Vous faites le mal par plaisir ») constitue une accusation terrible et parfaitement fondée, alors même que l'héroïne ne sait pas encore tout. Le châtiment qu'elle annonce pour Dubois (la mise à la porte définitive) ne sera pas exécuté, car bientôt l'amour fera tout pardonner. D'où le **rire satisfait** du valet, conscient que ses tours de prestidigitation vont réussir.

## ACTE III, SCÈNE 10
## (Araminte, Marton)

RÉSUMÉ

Marton vient demander son congé à Araminte. Désolée de partir, elle regrette tout le mal qu'elle a fait à Dorante : elle vient d'avoir avec lui un entretien où il s'est justifié pleinement. Elle est maintenant certaine qu'il est digne d'Araminte. Les deux femmes s'attendrissent et se rendent leur amitié.

COMMENTAIRE

### La réconciliation entre Araminte et Marton

Cette réconciliation répond aux nécessités dramaturgiques. Il est en effet indispensable qu'avant le dénouement la situation des personnages soit éclaircie. Le héros doit non seulement recevoir le pardon de Marton, mais aussi voir tout son comportement justifié par elle : un entretien direct a permis à Marton de comprendre que Dorante et elle ont tous deux ont été victimes de l'impétuosité de Monsieur Remy, puis de sa fausse confidence. Marton est donc **désespérée** d'avoir joué le rôle du traître et d'avoir « persécuté par ignorance » Dorante, « l'homme du monde le plus aimable ». Elle l'a aimé, mais elle se résigne **mélancoliquement** et avec une générosité **émouvante**. Araminte en est profondément touchée et toutes deux communient dans leur amitié ancienne recouvrée. Cette réconciliation a fait passer Araminte **de la colère à l'attendrissement**. Elle est désormais prête à écouter la démarche d'Arlequin.

## ACTE III, SCÈNE 11
## (Araminte, Marton, Arlequin)

RÉSUMÉ

Arlequin se lamente d'avoir été trahi par Marton, évoque la détresse de Dorante et présente la supplique de son maître : venir, avant de partir, rendre compte des affaires qu'il a gérées en qualité d'intendant.

COMMENTAIRE

## L'évolution d'Araminte

Les sanglots d'Arlequin, entendus alors qu'il est encore en coulisse, ses larmes apportent une **note de comique, par leur outrance même**, alors que le désespoir du valet est indiscutablement sincère. Cette scène de transition peut être étudiée à partir de l'analyse qu'en propose F. Deloffre dans son *Théâtre complet* de Marivaux : « Après la scène attendrissante qui précède on notera le caractère très particulier de la scène 11. Elle est destinée à détendre l'atmosphère et à faire sourire, mais sans provoquer de rupture de ton. On peut dire que l'attendrissement des personnages en scène et des spectateurs subsiste, mais qu'il trouve un exutoire dans les larmes comiques d'Arlequin. » Le valet de Dorante fait preuve d'une fidélité inébranlable à ce maître tout récent auquel il s'est passionnément attaché. S'il fait sourire avec l'étonnante alliance de mots entre le registre élevé de l'expression verbale « rendre compte de » et le terme bas « paperasses » (que Dorante n'a sûrement pas employé), sa supplique est présentée en **termes simples et touchants** : « Il m'attend à la porte où il pleure. »

Marton, qui parle pour sa maîtresse muette d'attendrissement, répond à Arlequin tout aussi simplement : « Dis-lui qu'il vienne ». Son intimité retrouvée avec sa maîtresse lui permet de dire ce qu'Araminte souhaite, mais que son amour-propre et son émotion hésitent encore à exprimer. C'est Arlequin qui réussit finalement à arracher l'accord d'Araminte à la venue de Dorante, c'est-à-dire le consentement de la jeune femme à son destin.

# ACTE III, SCÈNE 12
# (Dorante, Araminte)

RÉSUMÉ

Dorante vient rendre des comptes sur ses affaires à Araminte. Ni l'un ni l'autre n'ont l'esprit aux comptes, si intense est leur émotion. Ils envisagent une séparation qui paraît inéluctable. Soudain, par une brusque décision, Araminte avoue son amour. La joie de Dorante le précipite aux genoux de la jeune femme, à qui il confesse toutes les machinations de Dubois. Araminte reste un moment silencieuse et, touchée de sa sincérité, pardonne tout à Dorante au nom de l'amour.

COMMENTAIRE

**L'aveu d'Araminte**

Sur un rythme lent, Araminte et Dorante continuent leur jeu de **cache-cache sentimental**. Dorante a choisi le seul prétexte plausible pour revoir Araminte et celle-ci constate l'inutilité d'une reddition de comptes financiers. Dorante persiste à **accumuler les mots insipides** et sans réelle signification, des stéréotypes s'enchaînant à d'autres et auxquels Araminte répond en écho différé et assourdi : « Un de vos fermiers est venu [...] – Un de mes fermiers !... [...] », puis « J'ai de l'argent à remettre. – Ah ! de l'argent [...] » et, avec une absence de plus en plus perceptible, « Quand il vous plaira, Madame, de le recevoir. – Oui... je le recevrai... vous me le donnerez ».

Ce discours sur l'argent qui tourne à vide, **ces mots anodins** échangés de façon un peu irréelle par deux cœurs timides **sont chargés d'une émotion de plus en plus intense**. Il faut la pression du temps pour que les deux héros en viennent à échanger un lamento sur leur séparation, dont l'obligation cruelle est adoucie par Araminte quand elle emploie un réfléchi soulignant la réciprocité : « Il faut se quitter ». Le rythme du dialogue s'accélère sous l'effet des réparties d'Araminte. Consciente soudain que, limité par le temps, prisonnier de toutes sortes de conventions, et semblant presque préférer le fantasme du portrait d'Araminte à la réalité, Dorante n'est plus en mesure de lui arracher un aveu, la jeune femme effectue elle-même un **saut dans l'inconnu**. Une impulsion soudaine lui fait avouer ses sentiments, d'abord à demi-mot et au conditionnel (« Savez-vous que ce serait avouer que je vous aime ? »), puis en une vive réplique contrastant avec les tergiversations de son partenaire : « Que vous m'aimez, Madame ! Quelle idée ! Qui pourrait se l'imaginer ? – Et voilà pourtant ce qui m'arrive. » Araminte se résout dès lors, en avouant son amour, à braver le jugement d'une société où elle se sentait si à l'aise et son courage confirme l'image qu'elle a donnée au spectateur dès le premier acte de la comédie.

**La confession de Dorante**

L'aveu soudain d'Araminte libère d'un seul coup le **courage** de Dorante. Ses protestations de « passion infinie » ne constituent pas un aveu passionnel suffisant. La véritable preuve d'amour qu'il donne à Araminte se trouve enfin dans sa **confession sincère**, le dévoilement du « stratagème » et de l'« industrie » de Dubois. Le mensonge a offert aux deux héros la possibilité de se connaître, **la clarté et la vérité ouvrent la voie à un amour partagé**. Pourtant, Araminte regarde Dorante « quelque temps sans parler » avant de lui répondre. « On dirait, observe Michel Gilot, que pour Marivaux l'amour n'est jamais solidement forgé s'il ne s'est pas exposé volontairement au feu de la haine, s'il n'a pas été consciemment choisi de préférence à celle-ci. » Convaincue enfin qu'un séducteur ne livre pas le secret de ses stratagèmes, Araminte est **définitivement rassurée** sur les sentiments de Dorante et, changeant « le secret de ce Tartuffe de l'amour en lumière de la perfection amoureuse échangée, énonce la loi de la bonne fin de l'amour : l'aveu de la préméditation de la tromperie change tout » (Michel Deguy), peut pardonner à Dorante toutes ses manœuvres : « Ce trait de sincérité me charme, me paraît incroyable, et vous êtes le plus honnête homme du monde. Après tout, puisque vous m'aimez véritablement, ce que vous avez fait pour gagner mon cœur n'est point blâmable ; il est permis à un amant de chercher les moyens de plaire, et on doit lui pardonner quand il a réussi. » Cette absolution complète permet à Dorante de passer du cérémonieux « Madame » au « la charmante Araminte » : l'« **amant parfait** » peut maintenant sortir de son mutisme et faire éclater sa joie.

# ACTE III, SCÈNE 13
# (Dorante, Araminte, le Comte, Madame Argante, Arlequin)

**RÉSUMÉ**

Dissimulant son embarras sous une froideur courtoise, Araminte annonce au Comte la rupture de leurs projets de mariage. Celui-ci se montre beau joueur et renonce à son procès. Madame Argante, d'abord stupéfaite, exhale sa fureur contre un gendre qu'on veut lui imposer, mais qu'elle se refuse à reconnaître comme tel. Restés seuls en scène, les deux valets échangent des plaisanteries lestes.

**COMMENTAIRE**

### Un épilogue comique

La première réplique donne à la scène finale sa **tonalité comique**, avec le contraste entre la surprise indignée de Madame Argante, décidément faite pour être trompée (« Quoi ! le voilà encore »), et la sèche froideur de la réponse d'Araminte. Les explications que l'héroïne présente au Comte relèvent du style mondain le plus conventionnel et de la mauvaise foi (« je ne suis pas d'un rang qui vous convienne »). On sourit de l'embarras d'Araminte et de sa découverte tardive d'une incompatibilité sociale entre eux. Beau joueur, comme chaque fois qu'il sent la situation lui échapper, le Comte trouve l'occasion d'une **sortie élégante**, ne relevant que de sa bonne volonté (« Je songeais à me retirer »), mais il ne résiste pas au plaisir de faire comprendre à Araminte qu'il n'est pas dupe de raisons qui ne sont que des prétextes (« Il vous a plu, vous voulez lui faire sa fortune ; voilà tout ce que vous alliez dire »), même si son côté chevaleresque lui fait tenir parole et renoncer à son procès. Moins généreuse, Madame Argante, d'abord interloquée, écume de rage contre ce « maudit intendant ». Sa vanité déçue et blessée lui inspire une dernière réplique **pittoresque et féroce** : « Qu'il soit votre mari tant qu'il vous plaira ; mais il ne sera jamais mon gendre. »

Il ne reste plus à Dubois et à Arlequin, maintenant seuls sur scène et joyeusement réconciliés, qu'à tirer la morale de la comédie. Dubois fait admirer sa (fausse ?) modestie à Arlequin et, faisant écho à la formule de Madame Argante, lance un **plaisant mot comique** : « Je mériterais bien d'appeler cette femme-là ma bru. » Ne voulant pas être en reste, Arlequin reprend le motif du portrait qui a circulé depuis deux actes à travers la pièce. Se référant à la conclusion traditionnelle des contes de fées (ils furent heureux et eurent beaucoup d'enfants), il clôt la comédie sur une **pirouette grivoise** correspondant au rôle que lui attribue traditionnellement la commedia dell'arte : « Pardi ! nous nous soucions bien de ton tableau à présent ! L'original nous en fournira bien d'autres copies ». Ces ultimes répliques ont été supprimées lorsque *Les Fausses Confidences* sont entrées au répertoire de la Comédie-Française. « On supportait difficilement, explique Michel Gilot, l'humour et le joyeux naturalisme qui donnent au dénouement et à l'ensemble de la pièce toute leur saveur et toute leur force. » Rétablies maintenant, ces deux répliques s'accompagnent d'un jeu de scène relevant de la tradition italienne : Arlequin fait semblant de bercer un bébé.

# Synthèse littéraire

## LE DÉFI DE L'INTRIGUE

**L'audace du sujet**

Les données de l'action dramatique révèlent une audace morale qui fait des *Fausses Confidences* une œuvre à part dans le théâtre de Marivaux. D'abord, toute l'intrigue repose sur les **manipulations d'un valet omniscient** ; ensuite, l'auteur a souligné la considérable **disproportion de fortune** entre une jeune veuve dont le mari appartenait à la caste de la haute finance et un soupirant issu de la bourgeoisie de robe, mais ruiné au point de devoir se séparer de son valet. La pauvreté de Dorante constitue un obstacle dirimant à son mariage avec Araminte, obstacle dont le jeune homme s'avère parfaitement conscient. Aussi cynique que son ancien maître est désintéressé, Dubois a trouvé la solution du problème : **il faut séduire Araminte** : « On vous épousera, toute fière qu'on est, et on vous enrichira, tout ruiné que vous êtes, entendez-vous ? fierté, raison et richesse, il faudra que tout se rende » (I, 2). Et Dubois prophétise l'avenir : « Il me semble que je vous vois en déshabillé dans l'appartement de Madame. »

Au XVIIIe siècle, dans une société très attentive aux préjugés de rang et de fortune, la comédie a surpris. Le marquis d'Argenson découvre « de l'indécence au parti d'épouser son intendant ». Très près de nous, Louis Jouvet désapprouve l'entreprise de Dorante : « Je ne sais pas de spectacle plus éprouvant pour la dignité humaine que les scènes où l'on voit – furtifs et moralement chaussés d'espadrilles – l'ancien maître d'hôtel et son complice, le jeune homme pauvre, manigançant des intrigues, ourdissant des trames, échafaudant des embûches pour mener à bien leur projet de mettre à mal la riche veuve. » Les metteurs en scène contemporains s'interrogent à leur tour sur le **caractère ambigu de l'intrigue** : « Nouvelles surprises de l'amour ou variations sur l'art de parvenir ? s'interroge Jacques Lassalle. Les deux sans doute. Mais la liaison ne cesse pas d'être dangereuse. » On en revient donc, constate Michel Gilot, à un débat traditionnel : Dorante apparaît-il comme un amoureux sincère, ou bien n'est-il que le bénéficiaire et l'exécutant d'une entreprise digne d'un hardi coureur de dot ?

### Les « moyens de plaire »

Les personnages de Marivaux répondent eux-mêmes à la question :

« Je me suis, il est vrai, servi de stratagème ;
Mais que ne fait-on pas pour avoir ce qu'on aime ? »

fait dire le dramaturge à Cléandre à la fin de sa première comédie, *Le Père prudent et équitable*. Et Araminte reprend comme en écho au dénouement des *Fausses Confidences* : « Ce que vous avez fait pour gagner mon cœur n'est point blâmable : il est permis à un amant de chercher les moyens de plaire » (III, 12). L'héroïne **pardonne sans réserve** à son soupirant tous **les « moyens » de la machination** patiemment tissée par Dubois, machination où Dorante confesse avoir si bien joué son rôle, jusqu'à écrire dans une lettre fictive qu'il s'embarquait pour les colonies d'Amérique.

On a souvent reproché à Marivaux la facilité avec laquelle Dorante accepte que son oncle le fiance à Marton, la suivante et la confidente d'Araminte, la laissant « en riant » croire qu'il l'aime. Mais il faudrait aussi rappeler la réserve constante de Dorante à l'égard de la jeune fille – une fille charmante, observe Michel Gilot, qui s'est mise à réagir à peu près comme la Bélise des *Femmes savantes* » – et ses **mises en garde** de plus en plus ironiques contre l'avidité de la demoiselle de compagnie : « Tenez, mademoiselle Marton, vous êtes la plus aimable fille du monde ; mais ce n'est que faute de réflexion que ces mille écus vous tentent » (I, 11). En revanche, chaque fois qu'il rencontre Araminte, il est trop profondément ému pour se rendre compte que cette émotion attendrit la jeune veuve. **Tremblant et inquiet**, il joue son rôle dans le complot seulement grâce aux encouragements et aux exhortations de Dubois.

### Complot et passion

*Les Fausses Confidences* débutent dans une **atmosphère de conspiration** que Dubois entretient à plaisir. Il va jusqu'à faire tourner son maître sur lui-même pour l'examiner à loisir comme un maquignon exhibant sa plus belle bête à la foire : « Point de bien ! votre mine est un Pérou. Tournez-vous un peu, que je vous considère encore ; allons, Monsieur, vous vous moquez, il n'y a point de plus grand seigneur que vous à Paris ; voilà une taille qui vaut toutes les dignités possibles, et notre affaire est infaillible, absolument infaillible » (I, 2). Il évalue au passage la fortune d'Araminte à plus de 50 000 livres de rente. Pourtant ce complot extraordinaire et ces estimations financières équivoques aboutissent, à la fin de la comédie, à l'aveu sincère par Dorante de toute l'imposture : « Dans tout ce qui s'est passé chez vous, il n'y a de vrai que ma passion, qui est infinie et que le portrait que j'ai fait. » (III, 12.) Cette passion constitue aussi l'excuse du valet démiurge. Après avoir présenté la situation à Dorante au début de la pièce, il interroge son ancien maître sur sa **sincérité**, **seule justification du stratagème** (« Vous l'avez vue et vous l'aimez ? »). Il s'attire une réponse qui lève toute ambiguïté sur les buts et par suite sur les craintes de Dorante (« Je l'aime avec passion, et c'est ce qui fait que je tremble »).

## L'ACTION DRAMATIQUE

### L'obstacle

Le complot tramé par Dubois pour assurer le bonheur de son ancien maître explique la structure particulière des *Fausses Confidences*. Alors que dans la comédie traditionnelle moliéresque, deux personnages s'aiment depuis longtemps et que leur amour est contrarié par une tierce personne disposant d'un pouvoir qui lui permet de faire obstacle, Marivaux a inventé deux autres types de comédie :

– les **comédies comportant deux couples**, comme *La Double Inconstance*, dont la géométrie permet de développer deux récits parallèles ;

– les **comédies des surprises de l'amour** qui démontent les mécanismes présidant à la naissance d'un amour réciproque dans le courant de l'action. *La Surprise de l'amour* donne son nom à ce modèle sur lequel fonctionnent plusieurs comédies de Marivaux.

En revanche, **dans *Les Fausses Confidences* l'obstacle est décalé**, puisque le dramaturge fait naître le sentiment chez Araminte durant la pièce, alors que Dorante est amoureux depuis de longs mois quand le rideau se lève.

L'obstacle tient à la **différence de fortune** entre les deux amoureux, illustrée, on l'a vu, par un douloureux constat de Dorante et une réplique plaisante de Dubois :

« Elle a plus de cinquante mille livres de rente, Dubois.

– Ah ! vous en avez bien soixante, pour le moins. »

**Cet obstacle n'est pas extérieur au couple**, comme dans les comédies de Molière, où le mariage des amoureux est conditionné par l'accord d'un tiers qui s'y oppose à cause de sa situation ou de son caractère. Madame Argante s'oppose bien à l'amour de sa fille, mais sa nature cupide et vaine la prive de toute influence sur Araminte, à qui de toutes façons sa situation légale de veuve offre toute liberté de se remarier à sa guise.

L'obstacle est donc **intériorisé** : la richissime Araminte ne peut épouser un jeune homme ruiné, car « la pauvreté, du temps de Marivaux, n'est pas seulement sentie comme un manque ; elle est aussi, sans qu'on ose trop le proclamer, un défaut moral ; on éprouve encore le besoin de répéter que pauvreté n'est pas vice ; elle ne laisse pas d'être un vice inavoué dans la mesure où la fortune, au même titre que la noblesse, est respectée comme une valeur que seule la naissance devrait donner » (Jacques Schérer). La difficulté à surmonter pour Araminte consiste dans son **amour-propre**, c'est-à-dire son sentiment de ce qu'elle se doit à elle-même. Dubois a prévu cette résistance, fondée non seulement sur la pudeur sociale d'une femme qui mène une vie mondaine brillante et accepte les conventions du temps, mais aussi sur une fierté intime : libre et indépendante, sûre d'elle-même, elle refuse de céder à l'amour.

Un tel obstacle aurait été levé dans une comédie traditionnelle par une reconnaissance faisant passer l'amoureux pour ce qu'il n'était pas ou par le hasard d'une fortune tombant subitement du ciel. Marivaux se refuse à ce procédé simpliste. Dubois ne s'attaque pas à l'obstacle réel, la pauvreté, mais à l'**obstacle psychologique**. Il ne peut espérer le vaincre qu'en le rongeant progressivement et insidieusement, car il est de l'ordre du sentiment : il lui faut susciter chez Araminte une série d'émotions assez vives pour lui donner le **courage d'accepter et de faire accepter** l'amour de Dorante.

### La fatalité humaine

Dès la seconde scène de la pièce, Marivaux fait dire à Dubois, metteur en scène de l'intrigue : « Quand l'amour parle, il parle en maître et il parlera ». On commence donc à comprendre que l'amour-propre d'Araminte, sa « fierté », sa « raison », sa « richesse » **ne résisteront pas à l'amour**. Si Dubois convainc le spectateur, c'est grâce à son étonnante aptitude à persuader. Les hésitations de Dorante n'ont pas pour seul but de gommer les aspects ambigus de sa complicité avec son ancien valet, elles rejoignent l'incrédulité initiale du public devant les chances de réussite des machinations de Dubois. Jouant de son infaillibilité décrétée et de son optimisme constant, Dubois balaie sans la moindre hésitation les inquiétudes de Dorante. Il leur substitue, dans une perspective euphorique, la vision de Dorante marié à Araminte : « Je vous vois déjà en déshabillé dans l'appartement de Madame » (I, 2).

Dès lors l'intrigue se développe comme un **piège** dont le spectateur est le témoin et le complice, comme « une **mécanique montée et entretenue par un meneur de jeu** qui sait où il emmène ses personnages » (Pierre Voltz). Sa situation privilégiée de veuve ne laisse à Araminte qu'une capacité juridique, car sa liberté est obérée par une fatalité. Non pas une fatalité divine, mais une **fatalité**

**humaine** qui se nomme Dubois. Le valet vérifie expérimentalement durant la pièce, au gré de son ingéniosité, ses théories sur la **toute-puissance de l'amour** et son **caractère inéluctable**. La multiplication des incidents qu'il provoque constitue autant d'éléments d'une démonstration révélatrice et, par suite, d'une analyse psychologique de l'évolution d'Araminte.

### Le mouvement de la pièce

Cette évolution d'Araminte offre un rythme allègre aux *Fausses Confidences*. Le premier acte, qui s'ouvre sur une intrigue entamée depuis plusieurs mois, présente la **première phase** du plan de Dubois : faire entrer Dorante au service d'Araminte pour qu'elle devienne amoureuse de lui, ce qui se produit effectivement sans qu'elle s'en rende compte. Le valet peut donc attaquer, dès la fin du premier acte, la **seconde phase** de sa machination : fortifier peu à peu l'amour d'Araminte pour Dorante en la conduisant à ne plus le refuser *a priori*. Dubois sait bien, écrit Jacques Schérer, que « l'amour d'Araminte, qui n'est au début qu'un goût ou une attirance, ne peut se développer que par contagion ». Il met donc sa maîtresse en présence de toutes les manifestations successives de la passion témoignée par Dorante. La capacité de résistance d'Araminte étant amoindrie, Dubois passe à la **troisième phase** de sa machination et la développe dans le troisième acte : amener Araminte à avouer son amour pour Dorante, c'est-à-dire choisir entre son amour et les bienséances sociales. Il restitue à Araminte sa liberté à la fin de l'acte : « Ce n'est pas, observe Roland Morisse, sous l'effet d'une contrainte extérieure qu'Araminte avoue à Dorante qu'elle l'aime, mais sous la pression de son amour lui-même, qui ne peut plus se cacher, qui a envahi tout son être et y a chassé tous les interdits sociaux qu'elle avait intériorisés. »

La **progression de l'action** apparaît donc comme **linéaire** et **rigoureuse**. La prolifération des incidents, d'origine apparemment multiple, mais à peu près tous fomentés ou récupérés par Dubois, donne une **fausse impression de complexité** à l'intrigue. La part de hasard se réduit à la volonté imprévue de Monsieur Remy de marier son neveu à Marton (I, 2-5). Mais Dubois reprend vite la main en faisant présenter par Monsieur Remy l'offre d'une dame nantie de 15 000 livres de rente (II, 2). En fait, l'habileté diabolique du valet lui permet d'embrouiller la situation à tel point que le **hasard apparaisse seul responsable** de tous les stratagèmes qu'il a mis en route.

**Les « fausses confidences »**

Parmi les moyens auxquels recourt le dramaturge pour parvenir à ses fins, les « fausses confidences » sont privilégiées au point de fournir leur nom à la comédie. Elles ont pour but de conduire Araminte à surmonter un obstacle dont on a vu qu'il relevait du sentiment. Il ne faut donc pas s'étonner que Dubois fasse surgir des silhouettes féminines destinées à **piquer la jalousie** d'Araminte et à **minorer la mauvaise conscience** qu'elle peut éprouver à l'idée d'épouser son intendant. Ainsi, Dubois évoque « une grande brune très piquante » (I, 14) qui poursuit Dorante de ses assiduités, puis Monsieur Remy, mené sans le savoir par l'industrieux valet, vient annoncer qu'« une dame de trente-cinq ans, qu'on dit jolie femme, estimable, de quelque distinction [...] qui a quinze mille livres de rente pour le moins » désire l'épouser, et cela en présence d'Araminte qui peut en tirer intérieurement une conclusion : un mariage avec Dorante n'est pas inconcevable.

La première des « fausses confidences » relève d'un **mensonge fait pour tromper**, quand Monsieur Remy confie à Marton (I, 4) que son neveu a particulièrement remarqué sa beauté. Le procureur trame lui aussi son complot, sans évidemment penser un instant qu'il seconde à merveille le projet de Dubois et ses instructions à Dorante : « À propos, tâchez que Marton prenne un peu de goût pour vous » (I, 2).

Quand Dubois effectue la première de ses « fausses confidences » (I, 14), la duperie réside moins dans le récit que dans l'**intention** : sa confidence a pour but avoué d'expliquer sa demande de congé, alors que son but réel est de faire connaître à Araminte l'amour que Dorante a conçu pour elle depuis qu'il l'a vue à l'Opéra. Dorante, par respect pour Araminte et pour les conventions sociales, n'oserait jamais déclarer son amour à sa maîtresse. Dubois se charge donc d'une confidence qui va étonner, flatter et troubler Araminte. C'est pourquoi Frédéric Deloffre parle à propos de cette « fausse confidence » de « **déclaration d'amour par personnes interposées** ». On peut aussi découvrir une « fausse confidence » quand Dubois révèle à Marton que Dorante « fait les yeux doux » à Araminte. Si le propos de Dubois est parfaitement fondé, son intention n'est en rien de rendre service à la jeune fille.

On peut enfin parler de déclaration d'amour, non plus par personnes interposées, mais par « **objets interposés** » (Roland Morisse) quand ces objets sont projetés sur la scène par un personnage qui cache ses intentions réelles et donne une apparence fortuite à l'événement. Les **deux portraits** et les **deux fausses lettres** constituent des **objets dramaturgiques** porteurs de vraies et de fausses confidences. L'arrivée du premier portrait (II, 6) suscite une double interrogation : À qui est-il ? Qui représente-t-il ? Une série de rebondissements (II, 8 et 9) apporte une demi-réponse (il représente Araminte) qui rassure Araminte sur l'amour de Dorante et la conduit à prétendre que le comte est destinataire du portrait. La balourdise télécommandée d'Arlequin fait **rebondir** l'affaire : si Dorante contemple amoureusement le second portrait, on peut découvrir dans cet intérêt la preuve que le premier portrait lui était destiné. Dès lors, Araminte se débat de plus en plus maladroitement pour dissimuler ses sentiments (II, 10).

La fausse lettre dictée par Araminte constitue le **moment crucial** de l'épreuve. En torturant Dorante, la jeune femme l'amène à exprimer par les inflexions de sa voix l'immensité de sa sincérité et de sa détresse. Même si elle n'obtient que le silence sur son amour, elle est désormais sûre d'être aimée de Dorante. Tout comme le second tableau faisait écho au premier, la seconde lettre (III, 8) offre un « double » symétrique de la première. Ce second message a pour rôle dramaturgique d'obliger chacun des deux amoureux à se découvrir devant l'autre : il fournit à l'héroïne ce qui lui manquait jusque-là, une déclaration d'amour **publique**. Menacée par l'exil définitif de Dorante, compromise aux yeux de tous, Araminte se voit désormais, par l'effet de ce dernier stratagème, contrainte d'**exercer**

**son libre arbitre** (III, 12) et de choisir immédiatement entre l'annonce de son congé à Dorante ou l'aveu d'un amour véritable.

## LES PERSONNAGES

### Araminte

Personnage attachant, Araminte est souvent placée dans la galeries des héroïnes du répertoire comique français sur le même rang que l'Elmire de *Tartuffe* ou la Comtesse dans *Le Mariage de Figaro*. Si Marivaux a déjà mis en scène des veuves dans ses *Surprises de l'amour*, dans *L'Heureux Stratagème* ou, quelques mois avant *Les Fausses Confidences*, dans *Le Legs*, c'est la première fois qu'il présente, avec Araminte, **un personnage de veuve appartenant à la bourgeoisie**. Tenant « un rang dans le monde », « liée à tout ce qu'il y a de mieux » (I, 2) et menant la vie élégante de l'époque, Araminte tient cette position de ses **qualités personnelles** plus que de l'immense fortune qu'elle a héritée de son mari et qui l'a fait passer de la bourgeoisie moyenne, où se morfond sa mère, à la grande bourgeoisie des financiers. Ses affaires requièrent le service d'un procureur et d'un intendant. C'est un **beau parti**, que recherche activement le comte Dorimont. Araminte ne tire aucune gloire de cette fortune qu'on lui envie et, à l'inverse de sa mère, ne rougit en rien de ses origines. **Exempte de vanité et de préjugés**, elle accueille très aimablement Monsieur Remy et préfère ses conseils à ceux du comte Dorimont pour le choix d'un intendant. Elle traite Marton non en suivante, mais en amie et en confidente. Elle se montre sensible à l'infortune de Dorante et se désole « de voir tant d'honnêtes gens sans fortune, tandis qu'une infinité de gens de rien, et sans mérite, en ont une éclatante » (I, 8). Sa **délicatesse** et sa **bonté** ne l'empêchent pas de réagir quand elle est victime d'insinuations ou de pressions qui lui semblent intolérables. Elle sait alors devenir glaciale, railleuse ou altière.

Menant une vie « calme » et « tranquille », partagée entre les mondanités et la gestion de ses affaires, Araminte ne voit pas l'intérêt d'aliéner son indépendance par un remariage, au grand regret de Madame Argante qui soutient le comte Dorimont, prétendant déclaré, et regrette que sa fille s'endorme dans son état et manque d'ambition. Extrêmement « **raisonnable** » et peut-être déçue par un mari dont on ne sait si elle l'a aimé, elle hésite. L'arrivée de Dorante **bouleverse** son existence. Elle est surprise en apercevant de loin cet homme jeune qui a « si bonne façon » et « si bonne mine », et elle souhaite le rencontrer aussitôt. Cette attirance ne peut que renforcer son intention de donner suite à la recommandation de Monsieur Remy et elle engage aussitôt Dorante comme intendant. Lorsque Dubois lui révèle la passion ancienne de Dorante, elle semble heureuse de découvrir cet amour qui peut-être distrait une mélancolie secrète et, en même temps, elle a **peur** de cet amour qui s'apparente à un trouble physique soudain, car l'obstacle du rang social se dresse entre eux. Dès lors **son cœur**, inconsciemment épris, **désire l'aveu**, alors que **sa raison le redoute**.

La **sensibilité** d'Araminte lui fait éprouver une intense émotion quand Dorante refuse la jeune veuve nantie de 15 000 livres de rente (« Il me touche tant qu'il faut que je m'en aille », II, 2) et **son trouble va croissant** à mesure que se révèlent les preuves de l'amour de Dorante, avec l'affaire du tableau livré par le garçon joaillier ou du second tableau contemplé par le maître d'Arlequin, puis avec les deux fausses lettres dictées à Dorante, l'une par elle, l'autre par Dubois. Si sa sensibilité se conjugue avec son amour-propre pour la raidir dans son refus à la fin de l'acte II, la démarche inattendue de Marton (III, 10) la fait passer de la colère à l'attendrissement. Elle trouve dès lors la force de libérer le romanesque opprimé par sa raison. Ne décelait-on pas déjà une jubilation secrète quand elle se voyait devenue l'héroïne d'une « aventure singulière » (I, 14) et quand elle projetait de guérir elle-même la passion de Dorante ? Le rôle qu'elle se donne alors l'arrache aux réalités de l'existence. La pauvreté de Dorante ne constitue pas pour elle un obstacle décisif quand elle cherche à s'aveugler, à se défendre de céder au sentiment amoureux que lui inspire Dorante : « Qu'est-ce à ses yeux, se demande Edmond Jaloux, qu'un rang social inférieur à côté de l'immense effort qu'elle doit faire pour exposer au hasard de la vie cette ferveur cristalline qui est en elle et dont elle sait bien à quel point elle est fragile ? »

L'épreuve de l'amour est **douloureuse** pour un être qui allie sensibilité et intelligence, et Araminte passe par « une phase déchirante où, perdant toute maîtrise d'elle-même, elle semble par là perdre tout visage » (Michel Gilot) : poussée par l'amour à satisfaire sa curiosité, elle devient un **être de proie** au cours de la scène (II, 13) où elle dicte à Dorante la fausse lettre au Comte, pour lui arracher son masque d'intendant et l'aveu de son amour. **L'épreuve imposée à Dorante se retourne contre sa tortionnaire**, surprise et bouleversée de son pouvoir sur l'âme du jeune homme.

Retrouvant jeunesse et pureté grâce à Dorante, l'amour d'Araminte, né dans des circonstances si difficiles, au cours d'une agression implacable, frappe par son **audace**, sa **richesse**, son **intensité**. Ne pardonne-t-elle pas à Dorante, sans vraiment hésiter (III, 12), d'avoir cautionné toutes les intrigues de Dubois pour gagner son cœur ? Il ne reste plus à cette **femme si naturelle** qu'à annoncer froidement à son entourage sa décision d'épouser son intendant.

### Dorante

Ruiné sans que l'on sache pourquoi, fils d'un avocat disparu, trop **pauvre** pour conserver un valet (il a dû se séparer de Dubois qui lui conserve une amitié fidèle), Dorante appartient à la fraction déclinante de la bourgeoisie de robe. Sa **formation solide** (il aurait pu être avocat et s'entend bien aux affaires) et son **éducation soignée** (il sait peindre et Araminte remarque immédiatement sa distinction et son élégance naturelles) offrent à ce déclassé des **atouts** pour essayer de sortir de sa condition. Son projet de s'embarquer (que lui prête la fausse lettre de Dubois en III, 8) pour refaire sa fortune aux colonies est plausible, à une époque où les Antilles attirent les bourgeois pauvres.

Pour pallier cette pauvreté, l'entourage de Dorante préconise des remèdes : Monsieur Remy, son oncle, veut lui faire épouser Marton, qui possède d'assez belles espérances, puis renonce à ce projet pour l'offre inespérée d'une veuve de trente-cinq ans et fort riche. Mais Dubois vise plus haut :

n'a-t-il pas rendu un instant l'entreprise de Dorante équivoque au début de la pièce : « on vous enrichira, tout ruiné que vous êtes » ? Les cinquante mille livres de rente d'Araminte représentent une immense fortune et risquent de faire paraître Dorante pour ce qu'il n'est pas, un chevalier d'industrie coureur de dot. C'est pourquoi Marivaux impose presque d'emblée l'**image d'un Dorante timide**, profondément épris et qui voit dans la richesse d'Araminte non pas une occasion à saisir, mais un obstacle à son amour.

Si l'intérêt n'est en rien son mobile déterminant, Dorante n'obéit d'abord, à en croire Paul Gazagne, qu'à un désir physique : « Avant d'approcher Araminte le beau garçon la désirait jusqu'à en perdre la tête. Aucune ardeur sentimentale n'alimentait cette passion, causée uniquement par les charmes physiques de la jeune veuve. » Dubois paraît autoriser cette interprétation dans une réplique où il dépeint à Araminte le comportement de Dorante : « Il ne veut que vous voir, vous considérer, regarder vos yeux, vos grâces, votre belle taille » (I, 14). Marivaux avait analysé, dans *Le Spectateur français*, les deux pôles de la passion amoureuse, l'amour-tendresse et l'amour-désir. Si on ne peut écarter toute **sensualité** dans le comportement de Dorante, on doit n'y voir qu'**une des composantes d'une passion ardente et complexe**. Marivaux « a pris soin de souligner, rappelle Jacques Schérer, que Dorante, à n'en pas douter, aime véritablement Araminte : il aime depuis longtemps sans espoir et sans partage, il souffre cruellement, il tremble de ne pas réussir ». Dès qu'il est en présence d'Araminte, Dorante se transforme en soupirant apeuré qui divinise la femme aimée et n'extériorise ses sentiments que par de **rares formules discrètes et précieuses** qui paraissent sortir de la bouche d'un amant de roman pastoral héroïque :

« Le plaisir de la voir quelquefois, et d'être avec elle, est tout ce que je me propose.

– Avec elle ? Oubliez-vous que vous êtes ici ?

– Je veux dire avec son portrait, quand je ne la vois point. » (II, 15.)

Cultivant avec complaisance un tableau qui représente le fantasme amoureux dont il est le dépositaire, Dorante semble parfois **préférer le fantasme au réel**, ce qui explique son mutisme, son refus de tout aveu, de toute explication. Ce **silence** constitue un des secrets que Dubois avait livrés à Araminte dans sa longue confidence du premier acte et dont plus tard la jeune veuve reconnaît l'absolue véracité : « Sans toi je ne saurais pas que cet homme m'aime, et je n'aurais que faire d'y regarder de si près » (II, 12). C'est pourquoi la stratégie d'Araminte, soigneusement distillée par Dubois, tient en quelques mots : faire parler Dorante. Elle l'interroge, le bouscule, le poursuit, s'implique tout entière, jusqu'à obtenir de lui, au moment où elle lui avoue son amour, une réponse étonnante : « Je me meurs ! »

Ce comportement amoureux digne de la « **carte de Tendre** » s'explique par une certaine **faiblesse**. Dorante se prête sans trop de protestations à tous les stratagèmes de Dubois qui joue à ses côtés un rôle de tentateur. Quand il obéit à la manière d'un somnambule à Dubois ou quand il trompe Marton quelques instants, le personnage apparaît moins sympathique. Mais quand il est seul en face d'Araminte, il sait faire preuve d'à-propos et quand il s'oppose courageusement à Madame Argante, il montre une **probité exemplaire** et apparaît en même temps bien davantage soucieux du bonheur d'Araminte que ne l'est sa propre mère. S'embarquerait-il comme fera vingt ans plus tard Saint-Preux, le héros de *La Nouvelle Héloïse* ? Toujours est-il qu'il pleure à l'idée de quitter définitivement Araminte. Ses larmes plaident pour son **absolue sincérité**, avant même qu'il fournisse à Araminte l'ultime démonstration de son **honnêteté en amour** : la confession des ruses qui lui ont permis de se faire aimer.

### Dubois

Dubois surpasse en **sagacité**, en **perspicacité** et en **ingéniosité** tous les valets imaginés par Marivaux. « Omniprésent » et « omniscient », il apparaît à Jean Rousset comme le type de l'« acteur-témoin », voyant « plus loin et plus profond que les cœurs en émoi que leur émotion empêche de voir [...], si sûr de son affaire et pénétrant si bien les ressorts des passions en cours qu'il peut se permettre les gaffes volontaires, les stratagèmes hasardeux ».

Ce personnage qui réussit tout ce qu'il entreprend **n'est pas exempt de machiavélisme**. Il montre que Marivaux tente de faire tomber les masques d'une société convertie au cynisme. La scène où Dubois dévoile ses « batteries » à un Dorante angoissé et dépassé par les événements, dans une atmosphère de complot, montre que la réalité des décisions est passée du maître au valet. La **science psychologique** de Dubois en fait l'ancêtre du Vautrin de Balzac : « Fierté, raison, richesse, il faudra que tout se rende » (I, 2). C'est lui qui a conçu toute la mise en scène de l'intrigue, qui a servi d'intermédiaire entre les deux amoureux et qui sert de bouc émissaire quand Araminte lui reproche avec véhémence d'agir pour « le plaisir de faire du mal ». Mais, là encore, c'est pour se dévouer à Dorante, pour détourner de son ancien maître la colère d'Araminte et la fixer sur lui seul.

Ce magicien, qui se charge de faire naître et découvrir l'amour dans un cœur indifférent, n'est pas exempt de faiblesses, ce qui lui confère de la **vraisemblance** et de l'**humanité**. Il réagit vivement, parfois même avec mauvaise humeur : il reproche à Araminte de lui voler son rôle de confident, il s'exaspère devant les tergiversations et les scrupules de Dorante. Si calme et maître de lui qu'il paraisse, il se grise lui-même de sa virtuosité, se laissant entraîner par sa jubilation quand il se démène pour ses protégés. Cela ne l'empêche pas de se distancier avec **humour** dans sa dernière réplique (« Ouf ! ma gloire m'accable [...] »). Il se donne ainsi l'occasion, constate Michel Gilot, « de désamorcer tout ce qu'il aurait pu y avoir de déplaisant dans ce rôle et dans celui de Dorante, mais aussi de faire de toute la comédie une immense et malicieuse métaphore ».

Quels mobiles font agir ce spécialiste de l'intrigue ? Son premier entretien avec Dorante révèle un attachement fidèle à son ancien maître, **attachement** qui est devenu de l'**amitié**. En cela il diffère des valets de comédie, souvent inspirés par le seul bruit de l'or. Peut-être Dubois espère-t-il tirer quelque avantage matériel de la réussite de ses intrigues. Mais il n'en dit rien et ne se montre jamais intéressé. L'homonymie avec le cardinal Dubois, parti d'aussi bas que le valet des *Fausses Confidences* et devenu Premier ministre du Régent à force d'intrigues, peut amener à penser que Dubois exerce ses talents dans des situations de second ordre, alors que son génie pourrait lui permettre de faire carrière dans de grands emplois. Maintenu dans la médiocrité, peut-être manifeste-t-il sa volonté de puissance **contre l'ordre social**, qu'il défie en favorisant la mésalliance d'Araminte avec Dorante. Il serait donc un ancêtre de Vautrin, un Vautrin auprès duquel Dorante jouerait le rôle d'un Rubempré soumis ou d'un séduisant Rastignac. Toujours est-il que le rôle de Dubois est essentiel dans *Les Fausses Confidences*, au point que Jean-Louis Barrault en a fait le personnage principal de la pièce dans sa mise en scène donnée en 1946 au théâtre Marigny.

On peut aussi voir en Dubois, avec son « intelligence des mobiles secrets », sa « double vue anticipatrice », son « œil omniprésent » (Jean Rousset), une sorte de **double de Marivaux** conforme à la personnalité de l'écrivain telle qu'elle se dévoile dans ses romans et ses journaux : le goût de l'observation, le plaisir de regarder les êtres humains et de les analyser avec sympathie. Inlassable inventeur d'épreuves* qui amènent les êtres à s'exprimer totalement et à se situer dans leur nouvelle vie, Marivaux apparaît – ce que n'étaient ni Aristophane, ni Molière, ses plus illustres devanciers – un manipulateur de génie. Comme Dubois le fait envers ceux qui l'entourent, Marivaux impose au spectateur ce qu'il doit penser pour tel ou tel de ses personnages.

### Marton

« **Déclassée** » **sociale** comme Dorante, en raison de la ruine de son père, qui était procureur comme Monsieur Remy, Marton s'est parfaitement intégrée dans la maison d'Araminte. Sa maîtresse ne la traite pas en soubrette de profession et a fait d'elle une **confidente** respectée de tous. Marton souffre pourtant de cette situation et manifeste souvent son **amour de l'argent**. Elle attend l'héritage d'une vieille tante asthmatique et surtout guette un mari qui la ferait sortir de sa condition. Elle se laisse surtout acheter par le Comte, qui lui a promis une forte somme si elle convainc Araminte de l'épouser. On ne peut guère l'excuser de sa **trahison** quand elle concerne une maîtresse qui n'est pour elle que bonté et dont elle risque de faire le malheur.

Si son animosité envers Madame Argante peut s'expliquer par les rebuffades qu'elle a essuyées, Marton révèle toute la rancœur de son orgueil blessé et de son amour déçu quand **elle passe** à l'égard de Dorante **de l'amour à une haine féroce**, brandissant triomphalement la lettre qui, espère-t-elle, va lui permettre de se venger en faisant renvoyer l'intendant.

Pourtant, les circonstances où sont nés son amour et son rêve enthousiaste attirent la sympathie : croyant avoir trouvé un fiancé, elle se jette avec une **impulsivité** naïve dans un **amour romanesque**, fait de « délicatesse » et de « tendresse ». Elle s'exalte à l'idée que Dorante pourrait sacrifier pour elle la fortune de la jeune veuve présentée par Monsieur Remy. Si on la retrouve dans le rôle du traître, elle sait **se reprendre** et cela dure seulement « jusqu'à ce que, dans un dernier retournement, au contact d'Araminte, dans l'amitié retrouvée d'Araminte, elle finisse par se résigner, avec une mélancolie sans phrases, plus émouvante que tout accès passionnel » (Michel Gilot) ; puis elle a un **élan de générosité envers Dorante** : « J'ai persécuté par ignorance l'homme du monde le plus aimable, qui vous aime plus qu'on n'a jamais aimé ». Marton ne connaissait pas l'existence et la vie lui aura donné une bien rude leçon. Mais sa jeunesse lui laisse le loisir d'espérer.

### Monsieur Remy

En bon procureur, Monsieur Remy mesure l'intérêt d'un mariage à l'aune des rentes qu'il apporte. Cet homme terre à terre, au **bon sens réaliste**, est très sûr de lui et s'emporte dès qu'on met en cause ses compétences professionnelles. Il aime tant son métier, qu'il exerce depuis cinquante ans, qu'il parvient mal à déposer le langage du prétoire dans la vie courante.

Autant Madame Argante, poussée vers la noblesse par une sorte de mégalomanie, a honte de sa propre classe sociale, autant Monsieur Remy s'y trouve à l'aise. Cet **homme heureux** et vert (il pense encore au mariage à son âge) dissimule parfois sa grande **bonté** sous un peu de bougonnerie. Il éprouve une profonde affection pour son neveu et le défend vivement contre Madame Argante, même si son sens des valeurs bourgeoises et son culte de l'argent lui font regretter un moment les sentiments romanesques de Dorante.

### Madame Argante

Les mères de *L'École des mères*, des *Fausses Confidences* et de *L'Épreuve* ont le même patronyme et un point commun : leur caractère coléreux. Mais elles n'ont plus, à la différence de Philaminte dans *Les Femmes Savantes* de Molière, le pouvoir de nuire à leur fille. Le lieu de l'action dans *Les Fausses Confidences* a beau être la demeure de Madame Argante, **le choix du cadre fait ressortir l'échec du pouvoir matriarcal**, car sa situation de veuve met Araminte à l'abri des volontés de sa mère.

Ce n'est pas le souhait de voir sa fille devenir comtesse qui est extravagant chez Madame Argante, à une époque où la bourgeoisie en quête d'ascension sociale cherche alliance avec la noblesse. Ce qui l'est, c'est que Madame Argante, étroitement prisonnière des préjugés sociaux, est **ridicule** quand elle renie sa propre classe sociale et **odieuse** quand elle est prête à sacrifier sa fille à son désir de rehausser en même temps sa propre médiocrité. Elle est surtout **comique** dans la mesure où son comportement tourne à la **monomanie** : elle apparaît tout aussi entichée de Dorimont que Madame Pernelle est « coiffée » de son Tartuffe dans la pièce de Molière.

Le rapprochement ne s'arrête d'ailleurs pas là. Madame Argante a en commun avec Madame Pernelle l'**autoritarisme**, l'**impuissance**, l'**emportement**, un **franc-parler** revêche ou insolent et une **intuition** certaine (c'est Madame Argante qui découvre la première que Dorante n'est pas ce qu'il affirme être). Cette femme, qu'une didascalie de Marivaux présente comme « *brusque et vaine* », quitte la scène sur un féroce mot d'auteur, mettant un point d'orgue au **racisme** qu'elle n'a cessé de témoigner à l'encontre de Dorante : « Qu'il soit votre mari tant qu'il vous plaira ; mais il ne sera jamais mon gendre ».

### Dorimont

Convaincu que tout peut s'acheter avec de l'argent, le comte Dorimont manque cruellement d'argent. C'est pourquoi il tient à épouser Araminte, dont la fortune lui permettrait de « redorer son blason ». Araminte ne semble pas très intéressée par ce prétendant dont l'**élégante politesse** (il renonce à tout procès et se retire courtoisement à la fin de la pièce) ne rachète ni la **morgue**, ni la **médiocrité**, ni l'**absence de sentiments** : étranger au romanesque et à l'amour, il ne fait rien pour plaire à la jeune femme. Bref, il n'existe guère que par « son beau titre de comte » qui lui vaut tant de prestige auprès de Madame Argante.

**Arlequin**

Alors qu'il tenait un rôle important dans les premières comédies de Marivaux comme *Arlequin poli par l'amour* (où il est aimé de deux femmes, une fée et Silvia), *La Double Inconstance* (où il est le rival d'un prince), *L'Île des esclaves* (où il change d'état avec Iphicrate, le maître devenant esclave et l'esclave devenant maître), ou *Le Jeu de l'amour et du hasard* (où il prend définitivement sa forme de valet de comédie), Arlequin est déchu dans *Les Fausses Confidences* : **simple domestique** de Dorante, il ne semble jouer qu'un rôle d'utilité et prononce à peine une vingtaine de répliques.

Sa **stupidité insolente**, quand il refuse de servir Dorante (I, 8), se mue en réflexion lumineuse sur l'argent : le maître est celui qui paie, payer est « une action de maître ». Son **fidèle attachement** à Dorante et sa **naïveté** sont **exploités** par Dubois qui lui fait proclamer bruyamment la contemplation passionnée de Dorante devant le portrait d'Araminte (II, 10), lui confie une lettre afin qu'il la laisse intercepter (III, 3), puis l'envoie pleurer sur la scène pour attendrir Araminte. Enfin, ses réactions balourdes, son art de soutirer de l'argent pour acheter de quoi boire et ses impertinences inattendues offrent au spectateur une **détente comique** à la suite de moments émouvants.

## LES THÈMES DOMINANTS

**La passion romanesque**

D'emblée la passion de Dorante apparaît typiquement **romanesque** : ce jeune bourgeois ruiné n'est-il pas épris depuis plusieurs mois d'une jeune veuve que sa très grande fortune rend inaccessible et qui ignore tout de son amour? En revanche, sa culture le met de plain-pied avec celle qu'il aime : ses sentiments et son langage répondent aux codes de l'amour galant et de la passion romanesque en usage dans la société à la mode.

Ces codes, Dubois va en jouer à merveille, car son projet consiste à **obséder Araminte avec l'image de Dorante**. Tout part du geste de Dubois quand, suivant la didascalie, « *il se touche le front* » et déclare : « Son défaut, c'est là. C'est à la tête que le mal le tient [...] Oui, il est timbré » (I, 2). Accumulant les mots empruntés aux champs lexicaux* de la folie, de la maladie et de la galanterie, Dubois montre ici comment cet amour fou a fait perdre la tête à Dorante... à cause d'Araminte. Ce coup de foudre se prolonge en une **adoration** (« Il ne veut que vous voir, vous considérer [...] ») qui **divinise** la personne aimée, tout en se montrant **humble**, **muet** et douloureux. La « déclaration d'amour par personnes interposées » se renouvelle dans la pièce, Dorante restant étrangement silencieux sur sa passion et comme absent. Son comportement de « berger fidèle », comme dit Monsieur Remy par moquerie, semble obéir aux mots clefs de silence et de solitude. L'amour ne rend pas Dorante entreprenant, mais **contemplatif**, comme on le constate dans le dialogue suivant, où le portrait enfoui dans sa boîte ornée par le joaillier représente le fantasme amoureux qu'il cultive complaisamment :

« – Le plaisir de la voir quelquefois, et d'être avec elle, est tout ce que je me propose.

– Avec elle ? Oubliez-vous que vous êtes ici ?

– Je veux dire avec son portrait, quand je ne la vois point. » (III, 10.)

**Amoureux transi** au premier acte, **amoureux désespéré** à la fin du second acte, **amoureux « défait »**, « pâle », « triste » et « en pleurs » au dernier acte, Dorante « s'enracine dans une intimité réflexive et souffrante, où il est davantage question d'expiation que de bonheur » (Étienne Rabaté). Quand Araminte avoue enfin son amour, il n'exprime pas sa joie, mais s'écrie : « Je me meurs ! » (III, 12). Son amour n'a pourtant vraiment rien d'imaginaire.

Il se traduit en effet par toutes sortes de preuves extérieures de caractère romanesque. L'**émotion** affleure constamment et s'exprime pleinement dans une confidence à Dubois : « Je l'aime avec passion et c'est ce qui fait que je tremble » (I, 2). Le valet est obligé de se substituer à la parole amoureuse manquante de son maître. C'est pourquoi la lettre où Dorante annonce son départ pour le Nouveau Monde commence par les mots : « J'ai bien des choses à vous dire ».

### La surprise de l'amour

Reprenant une tradition du théâtre italien qui fait de l'amour le seul motif de l'argument, Marivaux l'affine et **concentre l'intérêt de l'action sur la prise de conscience du sentiment**. Il le dit lui-même dans un texte cité par d'Alembert : « J'ai guetté dans le cœur humain toutes les niches différentes où peut se cacher l'amour, lorsqu'il craint de se montrer et chacune de mes comédies a pour objet de le faire sortir d'une de ces niches [...] C'est tantôt un amour ignoré des deux amants, tantôt un amour qu'ils sentent et veulent se cacher l'un à l'autre ; tantôt enfin un amour incertain et comme indécis, un amour à demi-né, dont ils se doutent sans en être bien sûrs et qu'ils épient au-dedans d'eux-mêmes avant de lui laisser prendre l'essor. » Dans les comédies de Marivaux, ou bien l'amour s'insinue dans le cœur des deux protagonistes et il suffit de laisser aller l'intrigue, ou bien un **valet magicien mène le jeu**, fait naître et reconnaître l'amour dans le cœur de l'héroïne, auparavant vide et indifférent, comme dans *Les Fausses Confidences*.

L'amour prend un caractère immédiat chez Araminte : elle aime Dorante dès qu'elle l'aperçoit sur la terrasse (I, 6), mais sans en être consciente. D'où la place considérable accordée à l'apparence extérieure : Dorante a salué « si gracieusement » et il a « si bonne mine » qu'Araminte, sensible à la distinction de son futur intendant et à son charme, en est troublée. Le physique joue donc un rôle important dans cet amour qui tient du coup de foudre. Alors que l'amour dans les romans est fondé sur la reconnaissance de deux âmes qui ont été formées pour lui, au contraire, chez Marivaux, l'être se sent tout à coup envahi de **sensations nou-**

**velles** qui le bouleversent : Araminte reste saisie devant la révélation par Dubois (I, 14) de l'amour fou de Dorante, ne laissant échapper qu'une exclamation (« Quelle aventure ! »), puis une interrogation déjà inquiète sur le sort d'un tel amour romanesque (« Est-il possible ? »).

Ces sensations nouvelles font sortir Araminte de l'état paisible dans lequel elle se trouvait et le sentiment naît en elle sans qu'elle puisse rien y faire : on rejoint là l'impuissance métaphysique éprouvée par les héros de Racine (n'a-t-on pas écrit que Marivaux était plus proche de Racine que de Molière ?). Consciente de ne plus être maîtresse de son destin (« Voilà une confidence dont je me serais bien passée », I, 15), Araminte refuse d'abord de chercher à savoir, puis elle commence à savoir qu'elle aime, tout en refusant de se l'avouer.

La comédie est donc fondée sur les retraites successives d'Araminte, habituée à son repos (« Elle s'endort dans son état » au grand dam de sa mère et Marton souligne son « indolence »). **L'amour fait éclater les différentes carapaces** qui l'emprisonnent, à commencer par la grisaille du quotidien. *Les Fausses Confidences* reposent sur un jeu de feintes et d'esquives qui retarde le moment où Araminte devra reconnaître la présence de l'amour. Elle se dupe elle-même et elle s'oublie elle-même : à l'entendre, c'est la « justice » et la « pitié » qui l'obligent à conserver son intendant. L'amour paraît **diviser son être** : ce sentiment se réfugie dans le **subconscient** ; mais, parce que sa force est irrésistible, il émerge peu à peu à la **conscience**.

Avant qu'elle puisse avouer (III, 12) qu'elle aime Dorante, Araminte constate les reculs successifs de sa raison : elle ne sait plus clairement où elle en est. Ce n'est pas l'irruption de sa sensualité qui trouble le plus Araminte. Marivaux n'est pas le peintre de l'amour platonique et l'héroïne des *Fausses Confidences* est une jeune femme connaissant mieux la vie qu'une jeune fille comme Silvia dans *Le Jeu de l'amour et du hasard*. Araminte est beaucoup plus marquée par la crainte, la crainte des conventions sociales, assez rapidement surmontée au nom du naturel et du réalisme, mais surtout la peur de se donner et la défiance à l'encontre des sentiments de Dorante.

C'est pourquoi Araminte froisse sans ménagement l'âme de son partenaire pour le **pousser à bout** et **faire tomber son masque**. Lorsqu'elle contraint Dorante à écrire la lettre où elle consent à son mariage avec le Comte, elle s'impose à elle-même une épreuve dont elle ressent la douloureuse nécessité. Force individualiste et anarchique, l'amour détruit les préjugés artificiels au cours d'une expérience cruelle dont l'élégance et la grâce d'Araminte voilent la cruauté. *Les Fausses Confidences* ne sont pas une comédie noire : tout n'y est que jeu, malgré la profonde sincérité des deux protagonistes, et le spectateur ne peut jamais douter du dénouement heureux de l'amour d'Araminte et de Dorante.

## LA PEINTURE DE LA SOCIÉTÉ

Les personnages des *Fausses confidences* sont parfaitement intégrés dans la société de l'époque. De là vient l'allure réaliste de la comédie, qui doit sans doute beaucoup au fait qu'elle a été écrite en même temps que les deux grands romans de Marivaux.

### Les classes sociales

Dans aucune autre comédie de Marivaux la société du XVIII$^{e}$ siècle, changeante et en gestation continuelle, n'est aussi largement présente que dans *Les Fausses Confidences*. Toutes les classes sociales y apparaissent. D'abord l'**aristocratie** avec le comte Dorimont, prêt à offrir son titre pour obtenir la fortune d'Araminte, et dont la situation est caractéristique du temps : on répugne moins dans la noblesse à épouser une riche bourgeoise. Ensuite, la bourgeoisie dans laquelle l'action se déroule. Araminte symbolise la **haute bourgeoisie** de la finance. Elle est « veuve d'un mari qui avait une grande charge dans les finances », ce qui l'a élevée bien au-dessus de sa mère. Madame Argante incarne la **petite bourgeoisie** et « garde de son origine populaire une vivacité et des manières qui confinent à la vulgarité » (Agnès Carbonnel). La **bourgeoisie de robe** est représentée par Monsieur Remy, un procureur qui défend avec conviction les intérêts de ses clients devant la justice.

Marton et Dorante appartiennent tous deux à une zone intermédiaire de la société : ces sont des « **déclassés** ». Leur naissance les place dans la bourgeoisie de robe et Monsieur Remy rappelle qu'ils sont de très bonne famille. Mais leurs pères, un procureur et un avocat, se sont **ruinés** – ce qui est beaucoup moins grave, dans les mentalités de l'époque, que d'être pauvre – et leur absence de fortune les place bien loin de la si riche veuve. Leur mariage, projeté à l'improviste par Monsieur Remy, allierait tout naturellement deux situations semblables et médiocres. Leur position symbolise la **décadence de la bourgeoisie de robe** issue du XVII$^{e}$ siècle et dont l'avenir ne peut guère être assuré que par une reconversion vers les affaires et la finance, symbolisées par Araminte.

## Convergences et exclusions sociales

La jeune veuve ne se trouve pas dans la situation dont sera victime, dans *Le Préjugé vaincu* (1746), Angélique, fille aînée d'un marquis désargenté et qui hésite sérieusement à épouser un jeune bourgeois parisien – qui se nomme également Dorante – au nom d'une orgueilleuse ségrégation sociale et déclare : « L'honnête homme d'un certain état n'est pas l'honnête homme du mien [...] C'est un autre monde. » *Les Fausses Confidences* visent au contraire à montrer que **la séparation absolue entre la noblesse et la bourgeoisie n'est plus qu'une chimère. Marivaux y dénonce donc l'« exclusion sociale »** (Michel Gilot). Madame Argante et le Comte s'indigneront, mais en vain, à la fin de la pièce, du choix d'Araminte. Ils sont impuissants devant l'évolution d'une société où pâlit l'étoile de la noblesse, ce dont témoigne involontairement Madame Argante en parlant de sa fille : « Le beau nom de Dorimont et le rang de comtesse ne la touchent pas assez : elle ne sent pas le désagrément qu'il y a de n'être qu'une bourgeoise. » (I, 10.)

Quoi qu'il en soit, c'est le comte Dorimont qui, en épousant Araminte, se serait déclassé au regard des conventions sociales en sacrifiant à l'argent, valeur qui désormais supplante l'idéal héroïque de l'aristocratie du passé. Quand Araminte profite de sa liberté de veuve pour obéir à son cœur, elle transgresse l'équilibre ancien des castes et

**heurte les mentalités du temps en préférant l'amour à l'ascension sociale**. Sa décision illustre la désagrégation d'un ordre qui paraissait immuable. *Les Fausses Confidences* ne sont donc pas une comédie flattant les bienséances : **elles provoquent**, ce qui peut plaire ou choquer, parfois même choquer le spectateur et lui plaire.

Ce thème n'est pas nouveau chez Marivaux : dans *Le Paysan parvenu*, trois ans avant *Les Fausses Confidences*, le romancier peint un milieu de la petite bourgeoisie dans lequel un jeune et beau paysan fait ses premières armes en séduisant une demoiselle assez riche, Mademoiselle Habert, puis se fait appeler Monsieur de la Vallée et réussit à s'introduire dans la noblesse. La même année, dans son journal *Le Cabinet du philosophe*, Marivaux présente une courte comédie, *Les Chemins de la Fortune*. Sous une forme allégorique, il fait dialoguer la Fortune avec ses prétendants : pour obtenir ses faveurs, on peut se contenter de « la plus petite opération du monde », la suppression des scrupules, dont les tombes encombrent les environs du palais de la déesse. Faire taire tout scrupule mène droit à la réussite. Telle est la **leçon de réussite sociale** que Dubois administre à Dorante dans un siècle où tout évolue.

### Une maison ouverte sur le monde extérieur

Le cheminement d'Araminte vers la transgression des usages auxquels répond le mariage s'effectue dans la maison de sa mère, une **demeure parisienne de 1737 ouverte sur le monde extérieur**. Le jardin offre un lieu de promenade à l'héroïne et de rencontre pour les conspirateurs. Toute proche, la terrasse sur laquelle Araminte voit pour la première fois Dorante, qui la salue gracieusement. « La maison vit, observe Michel Gilot, avec les allées et venues, les commissions qu'on va faire à l'extérieur, les états d'âme des domestiques », la venue d'une marchande d'étoffes, l'entrée inopinée d'un garçon joaillier, les visites du procureur, le tout sur fond d'entretiens sans cesse interrompus entre Dorante et Araminte.

**La pièce est enracinée dans la vie quotidienne de Paris et dans les habitudes de l'époque**. On découvre une société où l'argent est tout-puissant, où il est élégant de se rendre à l'Opéra le vendredi et de se promener aux Tuileries, où Araminte circule en carrosse et où le modeste Dorante gèle dans un fiacre l'hiver. On constate que, si certains domestiques sont facilement complices entre eux, d'autres demeurent très proches de leur maître : Dubois est resté très attaché à Dorante et prodigue son talent pour lui. Peut-être parce qu'ils ont perdu leur fortune dans la banqueroute de Law, beaucoup de maîtres subissent l'insolence de leur valet dans le théâtre de Marivaux. Tel n'est pas le cas de Dorante alors que Dubois, dans *Les Fausses Confidences*, apparaît comme un stratège cynique, dont les intrigues offrent « une démonstration de la **passation du pouvoir des maîtres aux valets** » (Georgette Mennesons) : Marivaux adapte la comédie aux réalités de la société de son époque et à l'évolution en son sein des rapports d'influence.

## LE LANGAGE DRAMATIQUE

### Le goût du langage

Marivaux aime à jouer du langage pour son plaisir propre, qui rejoint celui du spectateur. Rien n'échappe à un écrivain qui a commencé sa carrière par trois romans parodiques et révélé son talent aux marges de ce genre convenu qu'est le pastiche. Les tournures juridiques employées par Monsieur Remy nous rappellent que Marivaux a été avocat et qu'il est doué d'un sens précis de l'observation amusée. Il emprunte une langue archaïque, familière et curieusement précieuse pour faire parler Madame Argante, prête à Arlequin tantôt un langage trivial, quand il injurie Dubois (le traitant de « plaisant magot », d'« ostrogoth » et d'« animal »), tantôt de nombreuses impropriétés dans sa conversation de tous les jours (« Quand on m'a une fois affronté, je n'en reviens point »). La langue d'Araminte et de Dorante est beaucoup plus abstraite : c'est la langue des salons, alliant la simplicité naturelle d'Araminte aux sous-entendus lyriques de Dorante :

« – J'ai tout perdu ! J'avais un portrait, et je ne l'ai plus.
– À quoi vous sert de l'avoir ? vous savez peindre.

– Je ne pourrai de longtemps m'en dédommager.

D'ailleurs, celui-ci m'aurait été bien cher ! Il a été entre vos mains, Madame. » (III, 12.)

Manipulant constamment son maître, Dubois parle exactement le même langage que lui, mais il y introduit des connotations ironiques destinées à faire rire le spectateur : « Elle a raison. Voulez-vous qu'elle soit de bonne humeur avec un homme qu'il faut qu'elle aime en dépit d'elle ? Cela est-il agréable ? Vous vous emparez de son bien, de son cœur ; et cette femme ne criera pas ! Allez vite, plus de raisonnements : laissez-vous conduire. » (III, 1.)

Rien de plus spontané que la langue des *Fausses Confidences* : **chacun des personnages parle son langage et comprend celui des autres**. Le dramaturge « avait foi dans l'universalité du langage et surtout de la langue française, et dans leur pouvoir de communication générale » (Pierre Malandain).

**L'art du dialogue**

Plus proche de la commedia dell'arte* que du théâtre de Molière, le dialogue trouve son originalité dans l'**enchaînement des répliques**, réduit parfois à une simple finalité comique, mais qui permet souvent une **progression subtile de la pensée** :

« – Que pensez-vous de ce grand garçon-là ?

– Eh ! par quelle raison, Monsieur Remy, faut-il que je le dise ?

– C'est qu'il est mon neveu.

– Eh bien ! ce neveu-là est bon à montrer ; il ne dépare point la famille.

– Tout de bon ? C'est de lui que j'ai parlé à Madame pour intendant. » (I, 4.)

Marivaux joue sur le rebond du dialogue quand il s'agit de traduire l'embarras d'Araminte, qui fait habilement dévier une conversation gênante :

« – Fera-t-on monter l'intendant que Monsieur le Comte a amené, Madame ?

– N'entendrai-je parler que d'intendant ? Allez-vous-en, vous prenez mal votre temps pour me faire des questions. » (III, 8.)

Dans *Les Fausses Confidences*, **le dialogue est le seul instrument de l'action** : doué d'une sorte d'autonomie, avec des « lois distinctes des lois psychologiques ordinaires, principe de progression, de trouble et de retard » (Frédéric Deloffre), il intervient dans le développement de la pièce pour en accélérer ou en ralentir le cours :

« – Vous n'êtes pas raisonnable.

– Ah ! Madame, je vais être éloigné de vous. Vous serez vengée. N'ajoutez rien à ma douleur.

– Vous donner mon portrait ! songez-vous que ce serait avouer que je vous aime ?

– Que vous m'aimez, Madame ! Quelle idée ! Qui pourrait se l'imaginer ?

– Et voilà pourtant ce qui m'arrive.

– Je me meurs ! » (I, 12.)

L'art de Marivaux dans *Les Fausses Confidences* consiste à faire glisser ses personnages du plan des mots au plan du cœur et ce **glissement** se réalise avant tout **par le moyen du langage**. La conquête de la sincérité dans le langage constitue l'objectif permanent de cette comédie où la seule issue est d'accepter d'être ce que l'on est et de le dire en **parlant simplement**, en retrouvant un langage où l'on accepte de s'impliquer soi-même.

ANNEXES

# Lexique

**allégorie :** figure consistant à employer une notion concrète à la place d'une abstraction (ex. : la faux à la place de la mort).

**amitié :** affection (ou parfois amour).

**anaphore :** répétition d'un mot (ou d'une phrase) en tête de phrases (ou de membres de phrases).

**aparté :** propos (signalé par la didascalie « *à part* ») qu'un personnage s'adresse à lui-même.

**badinage :** plaisanterie légère.

**burlesque :** d'un comique grotesque, extravagant et parfois parodique.

**champ lexical :** ensemble des mots que l'on associe à une notion donnée.

***commedia dell'arte*/comédie italienne :** comédie populaire née en Italie, dont les acteurs interprètent des personnages de convention : les masques (Pantalon, le Docteur, les Capitans), les valets niais (Arlequin, Trivelin) ou rusés (Scapin, Sganarelle, Polichinelle, Frontin, Figaro), les soubrettes comme Colombine et les amoureux. Rappelé à Paris en 1716 par le Régent, le Théâtre-Italien, dirigé par Luigi Riccoboni, connaît un très grand succès dans la première moitié du XVIIIe siècle, en évoluant vers la comédie sérieuse qu'attend le public cultivé. Marivaux apprécie la docilité de la compagnie italienne, son naturel, sa perfection du geste, son sens de l'improvisation et l'exceptionnel talent de sa meneuse de jeu, Silvia.

***deus ex machina* :** expression latine désignant l'intervention, dans une pièce de théâtre, d'un dieu ou d'un être surnaturel descendu sur la scène au moyen d'une machine et permettant un dénouement plus heureux que vraisemblable.

**didascalie :** indication de mise en scène (et plus généralement tout signe textuel n'entrant pas dans le discours des personnages).

**distanciation :** recul pris à l'égard d'un personnage ou d'une situation.

**dramaturgie :** art de la composition dramatique ; façon dont un auteur organise sa pièce

**épreuve :** expérience permettant de s'assurer de la sincérité des autres.

**fortune :** en plus de son sens actuel, le mot prend chez Marivaux le sens plus abstrait de bonheur. D'où parfois une certaine ambiguïté, compte tenu de l'intrigue des *Fausses Confidences*.

**exposition :** scène (s) d'introduction où sont présentés les personnages et l'intrigue.

**hyperbole :** emploi d'une expression exagérée ou emphatique.

**imbroglio :** terme d'origine italienne désignant une intrigue (ou une situation) compliquée, dont on ne voit pas comment on pourrait se sortir.

***lazzi* :** terme italien désignant une plaisanterie ou une moquerie bouffonne.

**mouvement :** les impulsions immédiates qui peuvent transparaître dans l'attitude d'un personnage (tout en échappant à sa conscience).

**naïveté :** spontanéité.

**occurrence :** apparition d'un mot (ou d'une image ou d'un thème).

**peur de l'amour :** chez Marivaux l'amour produit souvent la peur. Craignant de s'aliéner, le personnage recourt au masque comme protection et comme défense de soi.

**préciosité :** recherche exagérée du raffinement, notamment dans la conversation.

**protagoniste :** personnage principal d'une pièce de théâtre.

**quiproquo :** malentendu, mauvaise interprétation.

**sincérité :** une absolue exigence d'authenticité guide les personnages de Marivaux.

**utopie :** vision politique ou sociale ne tenant pas compte de la réalité.

***zanni* :** type de valets italiens auquel appartient Arlequin.

ANNEXES

# Quelques citations

## L'amour

DUBOIS. – « Quand l'amour parle, il est le maître et il parlera. » (I, 2)

DORANTE. – « Je l'aime avec passion, et c'est ce qui fait que je tremble. » (I, 2)

MARTON. – « Que vous êtes aimable, Dorante ! Je serais bien injuste de ne pas vous aimer. » (II, 8)

ARAMINTE. – « Après tout, puisque vous m'aimez véritablement, ce que vous avez fait pour gagner mon cœur n'est point blâmable : il est permis à un amant de chercher les moyens de plaire, et on doit pardonner quand il a réussi. » (III, 12)

## L'argent

DORANTE. – « Elle a plus de cinquante mille livres de rente, Dubois » (I, 2)

DUBOIS. – « On vous enrichira, tout ruiné que vous êtes. » (I, 2)

ARAMINTE. – « Il est vrai que je suis toujours fâchée de voir d'honnêtes gens sans fortune, tandis qu'une infinité de gens de rien et sans mérite en ont une éclatante. » (I, 7)

ARLEQUIN. – « Un moment, avec votre permission, Monsieur, ne payerez-vous rien ? Vous a-t-on donné ordre d'être servi gratis ? » (I, 9)

MARTON. – « Il y a une petite raison à laquelle vous devez vous rendre ; c'est que monsieur le Comte me fait présent de mille écus le jour de la signature du contrat. » (I, 11).

## Jeux et stratagèmes

DUBOIS. – « Nous sommes convenus de toutes nos actions, toutes nos mesures sont prises ; je connais l'humeur de ma maîtresse, je sais votre mérite, je sais mes talents ; et on vous aimera, toute raisonnable qu'on est ; et on vous épousera, toute fière qu'on est. » (I, 2)

DUBOIS. – « À propos, tâchez que Marton prenne un peu de goût pour vous. L'amour et moi nous ferons le reste. » (I, 2)

DUBOIS. – « Il est bon de jeter dans tous les esprits les soupçons dont nous avons besoin. » (I, 16)

ARAMINTE. – « Si on me demande ce que tu m'as appris de lui, je dirai ce dont nous sommes convenus. Le voici ; j'ai envie de lui tendre un piège. » (II, 12)

DUBOIS. – « Oh ! oui, point de quartier : il faut l'achever pendant qu'elle est étourdie. Elle ne sait plus ce qu'elle fait. Ne voyez-vous pas bien qu'elle triche avec moi, qu'elle me fait accroire que vous ne lui avez rien dit ? » (III, 1)

### La sensibilité

ARAMINTE. – « Je n'ai pas le courage de l'affliger ! [...] Je n'oserais presque le regarder. » (I, 15)

MONSIEUR REMY. – « Ceux qui aiment les beaux sentiments doivent être contents ; en voilà un des plus curieux qui se fasse. Vous trouvez donc cela raisonnable, Madame ?

ARAMINTE. – Je vous laisse, parlez-lui vous-même. *(À part)* Il me touche tant qu'il faut que je m'en aille. » (II, 2)

MARTON. – « Laissons-là les sentiments. Rendez-moi votre amitié comme je l'avais et je serai contente.

ARAMINTE. – Ah ! je te la rends tout entière.

MARTON. – Me voilà consolée.

ARAMINTE. – Non, Marton, tu ne l'es pas encore. Tu pleures et tu m'attendris.

MARTON. – N'y prenez point garde. Rien ne m'est si cher que vous. » (III, 10)

### L'art des répliques

MONSIEUR REMY. – « Comment donc ? M'imposer silence ! À moi, procureur ! Savez-vous bien qu'il y a cinquante ans que je parle, madame Argante ?

MADAME ARGANTE. – Il y a donc cinquante ans que vous ne savez pas ce que vous dites. » (III, 6)

# Jugements critiques

**Le sujet des *Fausses Confidences***

« Un jeune avocat devient le matin l'intendant d'une veuve fort riche ; cette veuve devient amoureuse folle l'après-dînée ; et l'avocat devient son mari le soir.

En filant cette action et en lui donnant la durée qu'elle doit avoir naturellement, ce sujet pouvait aisément fournir la matière d'un roman intéressant. Mais tenter de le réduire en comédie, c'est ce qui aurait apparu impraticable à tout autre qu'à M. de Marivaux. Il y a réussi supérieurement. Il a rendu l'amour de cette femme non seulement vraisemblable, mais de la plus grande vérité par l'art qu'il a mis à faire passer cette jeune veuve par toutes les gradations du sentiment les plus fines et les plus délicates. Tout y est parfaitement nuancé ; c'est un chef-d'œuvre que cette comédie ; c'est une espèce de magie dramatique. »

Charles Collé, Préface d'une version
des *Fausses Confidences*, 1760.

**Le parti pris du réalisme**

« Il serait inadmissible de se représenter Araminte comme une femme exclusivement dominée par ses sens, ce qui ôterait à la pièce l'essentiel de son intérêt et qui d'ailleurs aurait semblé révoltant au public de 1737. Marivaux précise au contraire dès la scène d'exposition qu'Araminte est “extrêmement raisonnable”. Elle ne peut donc, ni ne veut, faire fi des impératifs sociaux et se débat avec un problème qui progressivement lui apparaîtra de plus en plus dramatique. Ce qui sépare Araminte de Dorante est uniquement la différence de leurs fortunes [...]. Pour épouser Dorante, Araminte doit vaincre une sorte de pudeur sociale. C'est à quoi les artifices de Dubois vont l'aider. »

Jacques Schérer, « Analyse et mécanisme
des *Fausses Confidences* », in *Cahiers de
la Compagnie Renaud-Barrault*, n° 28, 1960.

**Une force de sentiment impudique**

« Un “fil de chair” parcourt *Les Fausses Confidences* : nous avons voulu le rendre sensible et c'est ici que nous nous sommes heurtés, paradoxalement, à la pudeur de comédiens qui ne craignent pas d'habitude de se mettre à nu. À la faveur des troubles, des blocages que l'apprentissage du texte a suscités, nous nous sommes rendu compte que Marivaux mêle presque toujours plusieurs plans de sentiments ou d'émois dans les répliques et qu'un langage aussi “poli”, aussi châtié, ne cesse jamais pourtant d'accorder la parole au désir cru, à l'amour insoumis. »

Patrick Bourgeois, « Entretien avec Jean Ughetto »,
in *Analyses et réflexions sur* Les Fausses Confidences,
Ellipses, 1967.

**L'impact métaphorique
des grands moments comiques**

« Le théâtre de Marivaux montre assez bien qu'on peut considérer les grandes comédies comme des poèmes. L'impact métaphorique des grands moments comiques fait appel à l'intelligence des spectateurs et en même temps contribue à la vivifier. Il s'y exerce un pouvoir spécifiquement humain qui est un pouvoir de distanciation : une euphorie d'esthète se mêle à une joie enfantine. Dans ces conditions, il n'est peut-être pas interdit de parler de catharsis à propos de la comédie. »

Michel Gilot, *L'esthétique de Marivaux*, SEDES, 1988.

**Une étrange fausseté**

« Tout est truqué, faux, mais d'une étrange fausseté : devant les spectateurs, comme un prestidigitateur qui, d'un simple tournemain alliant le ralenti à l'accéléré, montrerait ses tours en les accomplissant : donnant à voir l'illusion du mariage d'amour comme telle que le spectateur veut voir pour y croire. On assiste au truquage monté par Dorante et Dubois, infaillible, et on s'attend qu'il réussisse parce qu'on veut une bonne tromperie. »

Michel Deguy, *La Machine matrimoniale
ou Marivaux*, Gallimard, 1986.

**L'annulation et l'aboutissement des systèmes dramatiques de Marivaux**

« *Les Fausses Confidences* occupent une place à part. Elles pourraient être considérées comme une somme des systèmes dramatiques de Marivaux, car on y participe à un admirable enchaînement. Il s'agit encore tant soit peu d'une "surprise de l'amour", dans la mesure où l'intrigue amène Araminte à vivre toute une gamme de sentiments qu'elle aurait pu ne jamais connaître. C'est bien davantage encore un "jeu de séduction", puisque le projet de Dubois consiste à obséder la jeune femme d'images de Dorante, mais un jeu de séduction paradoxal, puisque le complot ne réussit que grâce à la discrétion absolue de l'amoureux [...]. Au sommet de l'intrigue, la pièce s'apparente ensuite aux "jeux de vérité", mais d'une façon très particulière, car, dans l'épreuve qu'Araminte impose à Dorante, cette femme si charmante ne semble plus avoir, pendant quelques instants, que le visage de la cruauté. Enfin, peu avant le dénouement, les deux jeunes gens se regardent face à face et, forts de cet instant, avec sérénité, ils vont affronter ensemble la vie. Ainsi, d'une certaine façon, *Les Fausses Confidences* marquent à la fois l'annulation et l'aboutissement des systèmes dramatiques de Marivaux. »

Henri Coulet et Michel Gilot,
Introduction au *Théâtre complet de Marivaux*,
Gallimard, « Bibliothèque de la Pléiade », 1993.

# Index thématique

# Sujets de travaux

## SUJETS D'EXPOSÉS

– Le rôle des valets dans *Les Fausses Confidences*.
– Dubois et Scapin.
– Dubois et Figaro.
– Maîtres et valets dans *Les Fausses Confidences*.
– Amour et amour-propre dans *Les Fausses Confidences*.
– Nature et artifice dans la naissance de l'amour chez les personnages des *Fausses confidences*.
– L'être et le paraître dans *Les Fausses Confidences*.
– La morale dans *Les Fausses confidences*.
– Le rôle et la signification des deux portraits d'Araminte.
– La nature et le rôle des « fausses confidences ».
– La peinture de la société parisienne dans *Les Fausses Confidences*.
– La place de l'argent dans *Les Fausses Confidences*.
– L'art du dialogue dans *Les Fausses Confidences* : ses caractéristiques, sa fonction, le rôle des didascalies.

## SUJETS DE DISSERTATIONS

**1.** Commentez et, s'il y a lieu, discutez ce jugement d'Agnès Carbonnel sur Dubois : « Il appartient à la tradition des valets intrigants qui, de Scapin à Figaro, sont les constantes de notre théâtre comique. Mais Dubois les domine tous. Son génie de l'intrigue et le mystère qui enveloppe ses véritables motivations en font un personnage inquiétant. »

**2.** Votre lecture des *Fausses Confidences* vous fait-elle adhérer à cette affirmation de Bernard Dort : « Plutôt que de marivaudage, parlons donc d'épreuve* : déchiré entre ce qu'il a été, entre son moi et son surmoi social, entre ce qu'il voudrait dire et ce qu'il dit, le personnage marivaudien joue pour éprouver l'autre et pour s'éprouver lui-même face à l'autre. »

**3.** Quelles réflexions vous suggère ce jugement de Jean Favre : « Placées sous le signe de la fausseté, *Les Fausses Confidences* tournent à l'avantage de la seule vérité qui compte, celle du cœur » ?

**4.** Vous expliquerez et vous discuterez les appréciations portées sur *Les Fausses Confidences* par Jean-Louis Barrault, qui a mis en scène cette comédie en 1947 : « Marivaux est, avec Molière, un des auteurs dramatiques les plus représentatifs du tempérament français. C'est un maître de l'escrime du cœur [et] *Les Fausses Confidences* est un de ses meilleurs combats, au cliquetis exceptionnellement rapide. Le jeu des *Fausses Confidences* doit être aussi léger qu'une balle qu'on envoie en l'air et qu'il ne faut pas laisser retomber, excellent exemple de l'esprit français. Le verbe de Marivaux, comme du champagne, pétille en passant sur la langue, mousse et grise joyeusement. Les arabesques en sont toujours élégantes, c'est un modèle de style français. »

**5.** « La durée de l'amour est nécessairement pour Marivaux quelque chose dc si bref et de si précaire qu'elle ne pourrait supporter une action, à moins que celle-ci ne fût réduite à son extrême minimum de durée ; ce qui est précisément le cas de l'action théâtrale. Au fond, aucun auteur n'a accepté plus allègrement que Marivaux les restrictions du théâtre français [...]. Les personnages de ses pièces arrivent tout juste à être des personnages, parce qu'ils ont tout juste le temps de jouer leur rôle, qui est d'aimer. »

Dans quelle mesure *Les Fausses Confidences* vous permettent-elles de partager cette impression de Georges Poulet ?

**6.** Quelles réflexions vous suggère ce jugement de Michel Deguy sur *Les Fausses Confidences* : « Tout est truqué, faux, mais d'une étrange fausseté : devant les spectateurs, comme par un prestidigitateur qui, d'un singulier tournemain alliant le ralenti à l'accéléré, montrerait ses tours en les accomplissant : donnant à voir l'illusion, parce que c'est l'illusion du mariage d'amour comme telle que le spectateur veut voir pour y croire. On assiste au truquage monté par Dorante et Dubois, infaillible, et on s'attend qu'il réussisse parce qu'on veut une bonne tromperie. »

ANNEXES

# Bibliographie essentielle


**Éditions du théâtre de Marivaux**

MARIVAUX *Théâtre complet*, édition établie par Henri COULET et Michel GILOT, Gallimard, « Bibliothèque de la Pléiade », 2 vol., 1993 et 1994.

MARIVAUX *Les Fausses Confidences*, par Michel GILOT, Gallimard, « Folio », 1997.

Trois éditions scolaires des *Fausses Confidences*, aussi bien documentées que commentées : par Michel POUPELIN, Bordas, 1964 ; par Roland MORISSE, Larousse, 1988 ; par Michel BOUTY, Hachette, 1993.

**Études sur Marivaux**

Paul GAZAGNE, *Marivaux*, Le Seuil, 1954, rééd. 1987. Une vue rapide et pénétrante sur l'écrivain et son œuvre.

Henri COULET et Michel GILOT, *Marivaux. Un humanisme expérimental*, Larousse, 1973. Analyse très fine de l'épreuve, des surprises de l'amour et du marivaudage.

Agnès CARBONNEL, *Marivaux*, Nathan, 1994, coll. « Balises Écrivains ». Vision globale de l'écrivain.

Michel GILOT, *L'Esthétique de Marivaux*, SEDES, 1998. Présentation détaillée de tous les principes esthétiques qui sous-tendent la création chez Marivaux.

**Études sur *Les Fausses Confidences***

Jacques SCHÉRER, « *Analyse et réalité dans* Les Fausses Confidences », *Cahiers Renault-Barrault*, n° 28, Julliard, 1960. Analyse dramaturgique rigoureuse de la comédie.

André TISSIER, *Les Fausses Confidences de Marivaux. Analyse d'un « jeu » de l'amour*, SEDES, 1976. Étude approfondie de la comédie et des mises en scène de Jean-Louis Barrault et de Jean Piat.

Ouvrage collectif, *Analyses et réflexions sur Les Fausses Confidences. L'Être et le paraître*, Ellipses, 1987. Ensemble d'articles ouvrant un très riche champ de réflexion.

René DÉMORIS, *Lecture de Les Fausses Confidences de Marivaux*, Belin, 1987.



Imprimé en France par I.M.E. - 25110 Baume-les-Dames
N° projet : 10071545-(II)-11-OSBB-80° - Alinéa - Octobre 1999